성서 속의 성서
신화 속의 신화

이치란, 한정섭 著

불교정신문화원

머리말

나는 옛날 슈바이쳐 박사가 "예수의 역사적 탐구"를 쓰면서 "예수를 바로 알아야 기독교가 살 수 있다" 하고, 소련의 문호 톨스토이가 "지금의 성서는 이집트문화와 인도사상을 혼합시킨 것"이라 하는데서 신·구약성서에 대한 더욱 큰 관심을 갖게 되었다. 그래서 "성서선해(聖書禪解)를 내면서도 과연 예수는 동정녀의 자식인가, 아니면 요셉(혹 로마병정 판다바)의 아들인가, 인도 여행 후 돌아와서는 어떻게 살았으며 십자가에서 소생한 뒤에는 어떻게 살았나. 그 큰부인 막달라 마리아는 불란서에 가서 무엇을 했으며, 막내부인과 막둥이 아들은 어떻게 임종을 했는가. 그리고 그의 제자 토마스와의 10년 사이에는 어떤 일들이 있었던가 하는 일들로 늘 궁금한 세월을 보내다가 영국·일본·독일·불란서·러시아 등의 대형박물관 자료와 그 자료를 캐낸 사람들을 민희식 교수님과 목영일 박사님의 저서를 통해 확실히 알고 이것은 나만 알아서는 안 되겠고, 어린 학생들의 교육을 바로 잡기 위해서라도 책을 내야 되겠다는 생각 때문에 미진한 생각들을 정리하게 된 것이다.

사실 이 세상 모든 학문은 전설 속에서 꾸준히 개작되어가고 있는 것이기 때문에 좀 전기가 부족하더라도 이해하면 그만이라 생각해 왔으나 신·구약성서는 남의 나라 글을 그대로 인용하여 쓰면서도 전혀 그 전거를 밝히지 않고 자기 나라 것인 양 쓰고 있으며, 신화와 전설을 사실처럼 오도하여 사람의 마음을 곡해시키고 있기 때문에 예수님의 사랑을 지극히 존경하는 한 사람으로서 예수님의 진정한 사랑을 실천하게 하기 위하여서는 반드시 이 글을 써야 되겠다고 생각하였다.

　이 글을 쓰는데 학문적으로 증명해주신 수메르문화의 대연구가 새뮤얼 크레이머 박사와 영국의 헨리 레이어드경(고고학자), 조수 랏쌈씨, 조지 스미스(대영박물관), 헨리 플린슨(외교관), 페트리(이집트 학자), 지그문트 프로이드(정신분석학자), 하워드카터, 캐슬린 케니언, 프리이져(비교학자), 독일의 동방학회 로베르트 콜데바이 선생, 미국의 싸이러스 고든박사, 찰스 월비 교수(고고학자), 스위스 음대 카스파리, 이스라엘 교육부장관 사리드, 한국의 대석학 민희식 교수, 목회자 목영일 박사, 러시아 과학자 니콜라스 로에리치, 영국의 BBC방송 등게 감사드린다.

　이 책은 이 분들의 학설을 응용하고 전사(轉寫)하여 역사적 사실을 증명하고 있기 때문이다.

　물론 신앙이란 역사적 사실에만 근거한 것이 아니고 초시간 초공간 속에서 영적으로 기록된 것도 있지만 그 영이 바르지 못할 때는 그 기록 또한 올바르게 기록될 수 없으므로 잘못된 것을 바로 잡을 수밖에 없다. 예컨대 기독교의 창세기는 서기전 4004년 전의 일로 기록되어 있는데, 수메르의 문화는 이미 6000년 전이며, 그 전부터 인류가 이 세상에 살고 있었음을 증명하고 있으니 거짓말도 분수가 있다. 남자의 갈비뼈를 빼서 여자를 만들었으면 당연히 남자에게는 갈비뼈 하나가 부족해야 할 것인데, 남녀가 똑같이 12개씩을 그대로 가지고 있으니 이 또한 과학적으로 이해할 수 없는 일이다.

성서학자들은 모계사회를 부계사회로 전환하는 한 과정에서 은유(隱喩)된 것이라고 하지만, 지금도 구약을 중심으로 한 유태교나 이슬람에서는 여자들을 생산의 한 도구로 생각하고 학대하고 있으니 사회적인 면에서 보면 전혀 이해할 수 없는 일이다. 인간은 평등 무차별함은 물론 미물 곤충까지도 불성을 가지고 있기 때문에 생명의 원리는 똑같다. 자연 속에 배태되어 자연의 자양분을 먹고 사는 인간이 자연을 정복하고 자연을 도구화하는 데서 지구촌은 마르고 인심은 각박해지고 있다.

목영일 박사님께서도 "예수가 십자가에서 소생했다고 하여 그 인격이 손상되거나, 가정을 거느려 자손들이 번성하였다고 하여 하나님 사상이 무너질 염려가 없다. 기독교는 진리이고 사랑이며 하늘은 영원하기 때문이다."라고 하였다.

그러므로 이스라엘 교육부장관 사리드는 "성서는 역사서가 아니다. 외래 신화전설이 뒤섞인 민족설화집이 역사서로 오인되어 왔다. 이스라엘 역사학계에서 시급한 당면과제는 신화의 거품을 제거하고 역사적 사실과 고고학적 자료에 근거하여 진정한 이스라엘 역사서를 다시 쓰는 것이다."라고 하였다.

서기 2012년 12월 25일
로마 태양재일 활안 한정섭

일러두기

1. 이 글은 예수님의 잃어버린 세월과 그동안 오해를 낳고 있던 여러 가지 사건들을 세계학자들의 논문을 배경으로 알기 쉽게 정리하였다.

2. 첫째, 영국의 BBC, 인도정부에서 계획한 다큐멘터리를 배경으로 예수의 묘지가 인도 카쉬미르에 있는 것을 밝히고, 그의 가족과 자손들의 내력을 밝혔으며,

3. 둘째, 십자가에서 소생된 이후의 생활을 목영일 박사의 "오딧세이"를 중심으로 정리하고,

4. 셋째, 신·구약의 전거를 민희식 교수님의 학설을 중심으로 밝혀 신학과 전설속의 성서를 사실적으로 규명 하였으며,

5. 예수님의 무저항 비폭력 사상이 이스라엘의 선민사상과 로마 십자군에 의하여 어떻게 이용되어 왔는가를 밝혔다.

6. 읽고 만족을 느끼지 못하는 분은 목영일 박사의 "예수의 마지막 오딧세이"와 민희식 교수님의 "성서의 뿌리" 등을 참고하시기 바란다.

목 차

머리말 ··· 3
일러두기 ··· 6

제1편 잃어버린 예수의 역사 ································ 11
예수님의 묘지와 사당(Roza Bal Shrine) ················· 11
굴람 아마드(Ghulam Ahmad) 이야기 ······················ 14
예수님의 가족과 자손들 ·· 18
   1. 막달라 마리아 ·· 18
   2. 두 번째 부인 리디아 ······································ 21
   3. 셋째 부인 마리온 ·· 22
천혜의 보고 카쉬미르 ·· 25
예수님의 어머니 마리아 ·· 28
예수의 아버지 요셉 ·· 33
율리우스역과 그레고리오역 ······································ 36
유대의 역사 ·· 39
이스라엘의 전쟁사 ··· 43
티베트에서 찾은 예수의 역사 ··································· 50

이사전 이야기 ··· 54
인도에서 배운 베다사상과 마누법전 ································ 58
무소유의 쟈이나교와 삼림철학(森林哲學) ······················· 63
바로 보고 바로 사는 부처님의 가르침 ······························· 68
불자 의사 우도라카 ··· 73
멩그스테와 마니트라 스님 ·· 77
라다크와 레에서 일어난 일 ··· 82
페르시아와 앗시리아에서 ··· 86
희랍과 애굽에서 ··· 92
진정한 사랑과 정의를 위한 종교회의 ································· 98
세례 요한과의 인연 ··· 102
광야에서의 고행체험 ·· 109
빌라도의 재판과 십자가에서 소생 ···································· 113
여러 복음서의 조직 ··· 117
외도적인 성찬의식(聖餐儀式) ·· 122
길 잃은 양들 ··· 125
사랑하는 제자 도마 ··· 129
진정한 역사 도마복음서 ··· 134

제2편 오리엔탈문화와 구약성서 ······························ 160

신화와 역사 ·· 160
하늘과 땅 이야기 ··· 166
유토피아 에덴동산 ··· 171
남자와 여자 이야기 ··· 174
선과 악, 죄와 벌 ·· 182
공포의 신 여호와 ··· 186

노아의 방주 ·· 191
농경민족과 유목민족 ······································ 195
바벨탑과 언어의 혼란 ····································· 199
아브라함과 이삭, 야곱시대 ······························ 204
요셉과 모세 이야기 ······································· 209
지혜의 문학과 예언자들의 이야기 ···················· 220
인신공희와 계약의 궤 ···································· 225
이스라엘의 고민 ·· 229
기독교 성전의 역사 ······································· 239

제1편 잃어버린 예수의 역사

예수님의 묘지와 사당(Roza Bal Shrine)

성경 가운데서 가장 큰 비밀은 예수님의 잃어버린 세월 17년을 어디서 찾을 것이며, 돌아가신 뒤 묘지는 어디가 있는가 하는 것이다. 그리고 혼자 살지 아니했다면 그의 가족과 자손들은 어떻게 되었는가 하는 것이다.

그런데 2003년 영국 BBC에서 최초로 "예수는 죽었는가" 하는 기록영화를 제작하였으며, 2010년에는 인도정부 영화제작소에서 "쉬리나가르 로사발 사당"이라는 제목으로 야센드라(각본·감독)가 기록영화를 제작하였다.

로사발은 무슬림·힌두 그리고 불자들이 존경하는 인도 카쉬미르 주의 수도 쉬리나가르의 고도시 켄야르 지역에 위치하는 한 사당의 이름이다. 사람들은 이곳에 「유즈 아사프(Yuz Asaf)」라 이름 하는 성인이 묻혀 있다고 믿고 있다. 유즈 아사프는 나자렛의 예수로서 이스라엘의 십자가형에서 살아남아 동쪽으로 와서 살다가 인도의 카쉬미르에 묻혔다고 믿고 있다.

사원 자체는 작은 사각형의 건물로서 지반을 약간 높여졌으며, 주위는 철책으로 둘러쳤고, 앞부분에는 세 아치가 있어 그 중 하나가 입구이다. 한편 옆에는 네 개의 아치형 창문이 나 있다. 안에는 발자국이 새겨져 있는 암석이 있는데, 발자국에는 십자가형에 처해진 자국이 새겨져 있다. 묘는 이슬람식이 아닌 유대인 전통으로 시설되었으며, 사원 안에는 이슬람의 성인 사이드 마세루딘의 이슬람식 묘도 함께 시설되어 있다.

유즈 아사프의 묘는 후손들에 의해 관리되다가 현재는 수니 무슬림으로 구성된 이사들에 의해 관리되고 있다. 타계한 사히브자다 바샤랏 살림(Sahibzada Basharat Saleem)이 죽기 전까지 이 묘를 관리하였는데, 이 사람은 유즈 아사프의 직계로서 아사프 후손 계보에 나타나 있다.

이 로자발 사당은 인류사상 가장 큰 미스테리이다. 이곳 묘의 주인은 다른 사람 아닌 예수 그리스도라는 것이다. 위에 지적한 기록영화는 이 내용에 관한 한 권위 있는 국내 및 국외 학자들의 연구 결과를 다루고 있다.

기원 1세기경으로부터 시작된 페르시아어 · 아랍어 · 범어 등으로 쓰여진 기록에 의하면 유즈 아사프는 이스라엘의 자손으로 선지자로서 자신의 백성에 의하여 십자가형에 처해졌다는 것이다. 그러나 이 십자가형에서 살아남아 카쉬미르로 이주하여 살았다.

사원의 건축 형식으로부터 시작하여 조각된 기록, 그리고 인류학 및 고고학 기록, 그리고 기타 기록물들은 이 묘의 주인이 예수라는 것을 지적하고 있다. 유즈 아세프는 1세기 경

인도로 왔는데, "예수 그리스도"라는 이름 자체는 "위대한 선지자"로서의 이름으로 특이한 것이 아니다. 물론 역사 속의 예수는 자신이 "예수 그리스도"라고 불리리라고는 꿈에도 생각하지 못하였을 것이다. 예수 그리스도는 오직 현대 영어 이름에 불과하기 때문이다. 그의 히브리어 이름은 아마도 "아쉬아(Yasua)"였을 것이며, 동양에서는 "이사(Isa)"라 불렀다.[1)

기록영화는 1세기에 인도에 온 이사에 관한 이야기이며, 이사가 13세였을 때 인도의 푼잡과 라자스탄으로 왔고, 자가나스 푸리, 라즈기르하(왕사성), 그리고 히말라야 지역에서 살았다. 그가 인도에 사는 동안에 시바신을 믿는 사람들과 교우관계를 가졌으며, 이 소년이 29세가량 되었을 때 다시 이스라엘에 나타났다.

이사 또는 유자는 베다 왕들과 그의 백성들 그리고 불자들로부터 높은 존경을 받았으며, 기록에 의하면 이사는 카쉬미르의 왕 고파난다, 설리바한 왕, 카니쉬카 왕 등과 만났다. 이러한 기록은 www.tombofjesus.com에 들어가면 자료를 얻을 수 있다.

이 기록영화는 어떤 경우에도 로사발 사당의 내용을 재확인하는 것은 아니고, 로사발 묘가 예수의 묘라고 주장하는 국내 및 국외 학자들의 연구 결과를 필름에 담아놓은 것 뿐이다. 영화 제작의 목적은 이러한 가정을 바탕으로 해서 세상의 모든 종교가 단합하여 이 세상을 보다 살기 좋은 곳으로 만들기 위한 사랑과 평화 그리고 협동의 메시지를 보낼 수 있는 최적의 장소가 될 수 있기를 바란다고 하였다.

---

1) 1890년 러시아 여행가 노토비치에 의해 밝혔졌다.

굴람 아마드(Ghulam Ahmad) 이야기

굴람 아마드는 1835년에 인도의 작은 마을 콰디안에서 태어났다. 어려서부터 독실한 이슬람 신자였던 그가 49세가 되는 해 무슬림 세계에서는 너무나 잘 알려진 ≪바라힌 아마디야≫라는 책을 저술하여 세상에 알렸다. 이 저술은 타 종교에 비해 이슬람교의 우수성을 잘 나타내고 있으며, 이로 인해 굴람 아마드는 무자디드 즉 개혁자라는 칭호를 받았다. 이 칭호는 무슬림 역사상 13명만이 얻을 수 있었던 대단히 명예로운 칭호에 해당한다.

그러나 아마드가 위대한 칭호를 받고 얼마 되지 않아 이슬람 사회에서는 이루 생각할 수 없는 논쟁이 일어났다. 그것은 자신이 바로 마디 또는 구세주로서 마침내 이슬람의 세계를 이 세상에서 이룩하겠다는 저술을 발간했기 때문이다. 이로 인해 아마드는 하루아침에 성인에서 죄인으로 추락하였다. 이즈음 인도에서는 ≪인도의 예수≫라는 책이 발간되었는데, 이 때문에 자신은 이슬람교도는 물론 기독교 그리고 불교도로부터 박해를 받을 것이라 생각하였다.

아마드의 저술에 의하면 예수는 십자가형 이후 인도로 여행하였는데, 여행의 목적은 잃어버린 히브리 부족을 찾기 위해서이다. 또한 아마드는 주장하기를 불교도는 예수의 여행을 통해 많은 것을 얻게 되었기 때문에 예수에게 많은 빚을 지고 있다 하였다.

사람들은 말하기를 예수와 붓다의 세계관과 가르침 간에는 눈에 띠게 유사한 점이 많은데, 이러한 유사성은 세계종교의 교리발전상 우연이라고는 할 수 없다는 것이다. 한편 다른 부류의 사람들은 불교 교리 가운데 여러 요소들이 예수의 가르침 속으로 용해해 들어갔다고 주장한다.

굴람 아마드는 이러한 내용을 자신의 머릿속에서 전환시켜 예수가 인도에 와서 여러 곳으로 여행하면서 선교활동을 했는데, 후에 불교의 승려들이 이 가르침을 마치 부처님의 가르침처럼 원용하였기 때문에 두 종교 창시자의 가르침에 유사성이 드러났다고 주장하고 있다.

굴람 아마드의 저술은 로사발 사당의 묘에 관한 광대한 연구 끝에 쓰여진 것이다. 처음에는 그가 추종자 가운데 한 사람의 제보에 의해 유즈 아사프에 관해 알게 되었으며, 그 후 수개월에 걸쳐 조사를 했고, 조사 기간 동안에 주위에 거주하는 사람들로부터 많은 정보를 얻기도 했다. 그가 내린 결론은 이 묘는 약 1900년 전에 죽은 외국인의 묘이며, 이 외국인은 이슬람의 창시자 모하메드보다 600년 전에 인도에 도착하였고, 이 지방의 무슬림들은 이 외국인을 유즈 아사프라 불렀다는 것이다. 굴람 아마드는 이러한 결론을 지역사람들로부터 얻은 정보와 여러 불교 및 의학 서적에 근거하여 자신의 가설을 주장하게 된 것이다.

굴람 아마드가 내린 과감한 결론에서 가장 뚜렷한 문제점은 십자가형을 받은 사람이 살 수 있느냐 하는 것이다. 이것은 기독교 교리의 근본을 떠받치고 있는 내용이기 때문에 쉽

사리 결론을 내릴 수 있는 것은 아니었다. 그러나 예수가 십자가에서 죽은 후 부활했다는 주장에 의심을 제기한 사람은 굴람 아마드가 최초가 아니다. 아마드는 이러한 의문을 자신의 저술에 포함시켜 세계에 널리 전했다.

굴람 아마드의 주장에 대한 결론을 내리기 전에 세 가지 가능성을 생각해 볼 수 있다. 만약 신약에 전하는 것과 같이 예수가 십자가형에 처해졌다면,

첫째는 죽어서 3일 후 부활하여 승천했거나,

둘째는 그대로 십자가에서 사망했거나,

셋째는 십자가에서 죽지 아니 했다는 것이다.

만약 신약성경의 내용에 동의하지 아니 한다면 결론은 두 가지 가운데 하나이다. 즉 십자가에서 죽었거나 아니면 죽지 않고 살아서 내려왔을 것이다. 지난 몇 세기 동안 사람들은 예수의 사망 경위에 관해 많은 논쟁을 벌이기도 하였지만, 가장 믿을 만한 결론은 예수는 십자가에서 죽지 않고 살아서 내려와 얼마 뒤에 걸어 다니면서 사람들과 대화도 나누었다는 내용이다. 예수와 동시대 사람인 유대 사학자 플레비우스 조세퍼스는 그의 글에서 십자가형에서 살아난 사례를 들고 있다.

"내가 여행에서 돌아와 보니 많은 죄인들이 십자가형을 받아 죽어가고 있었다. 그 가운데 세 사람은 나의 친구였다. 나는 서둘러 타이터스를 찾아가 이들을 살려줄 것을 간청하였다. 그는 즉시 부하를 불러 이 세 사람을 십자가에서 내려주라 명령하였다. 우리는 십자가에서 내려온 세 사람을 즉각 간호하였는데, 그 가운데 두 사람은 사망하고 한 사람은 살아서

완전히 회복되었다."

목영일 박사는 그의 ≪예수의 마지막 오딧세이≫에서 예수가 카쉬미르에서 보낸 10년 남짓한 세월을 이렇게 기록하였다.

"파란만장한 서방에서의 청장년시대에 바라던 실로 앤티클라이맥스다. … 명상하고 설법하고 젊고 아름다운 아내 마리온과 아들 아호이아킴의 시봉을 받았다. 단지 카라반들에게 동생 아리마대 요셉(야고보)의 처형된 소식과 조국 이스라엘이 서기 70년 함락되었다는 말을 듣고 매우 슬퍼하였다. 끝으로 사랑하는 제자 도마를 만나 전도를 부탁하며 내가 죽으면 이 자리에 묘를 만들고 머리는 동쪽으로 발은 서쪽으로 두고 매장하라 유언하였다."
〈예수의 마지막 오딧세이 278~284쪽〉

묘는 서기 112년 처음 만들어졌다고 기록되어 있고, 석관은 지하실에 그 위에 보호관(목관)이 있고, 속에는 유즈 아사프와 관련된 물건이 들어있다고 한다. 지금도 많은 순례자들이 카쉬미르 로자발에 와서 묵상하고 간다. 선지자 유즈 아사프(예수 그리스도)를 뵙기 위해서, 현재 카쉬미르 지방에는 예수의 73세손 사히부자다 임티아즈 샤힌이 살아있고, 그의 후손들은 번창하고 있다.

예수님의 가족과 자손들

예수님이 13세에 인도에 유학하여 17년을 지내고 본국에 돌아왔을 때는 30세가 되었으니 마지막 3년을 계산하면 33세로 이 세상을 하직한 것이 된다. 그러나 목영일 박사는 그렇게 보지 않았다.

1. 막달라 마리아

그 때 예수는 십자가 밑에서 울고 있는 막달라 마리아를 보았다. 막달라 마리아는 예수님의 세 번째 아들 요셉을 임신하고 있었다.

"막달라 마리아는 막달라 지방 출신으로 디베리오 사람이다. 가버나움 회당에서 집전하던 씨루스(Cyrus)라는 사제의 딸로 한 종단의 일원이었다. 그는 예수의 어머니와 같이 성직자의 공적 임무를 맡아 미리암이라 불렸다. 서기 3년에 태어나 30년, 스물일곱 살 때 예수와 결혼하였다. 일찍이 결혼하여 이혼하고 예수와 재혼하였다. 키가 좀 작고 광대뼈가 나왔으나 오똑한 코와 윤이 나면서도 까무잡잡한 몸매가 매우 건강하고 활동적인 사람으로 보였다. 지적인 눈에 강렬한 빛을 가져

사회적 습속에 얽매이지 않고 독립적 자유스러운 사고를 가지고 있었다. 여러 집회에서 항상 예수가 화제의 인물이었던 것처럼 그녀는 당돌한 질문을 하여 자기 소견을 밝힘으로써 주의를 끌었다."

〈예수의 마지막 오딧세이〉

1992년 프랑스 샤트르에 있는 막달라 마리아에게 봉헌된 노틀담 성당 지하묘지에서 발견된 유골은 전통적 유대인의 특징을 가진 여인으로 막달라 마리아가 틀림없다고 발표하였다.

"주와 함께 걷는 사람은 항상 셋이었는데 그의 어머니 마리아와 그의 누이, 그리고 막달라였다. 그는 주의 반려자였다. 주는 어떤 제자들보다도 그녀를 더욱 사랑하여 종종 그의 입에 키스하였다."

〈빌립보〉

서기 33년 9월 예루살렘에서 딸 타마르(Tamar)를 낳고, 37년 6월 아들 유소도(Jesus)를 낳고, 세 번째 요셉은 예수가 십자가에 있을 때 임신 3개월이었다. 그때 마리아는 예수와 결별할 것을 마음속에 다짐하고 있었다. 주와 마리아가 가까이 지내는 것을 좋지 않게 생각하는 베드로가 있었기 때문이다.

사실 막달라 마리아는 로마를 적대한 열심당원으로 "이(齒)에는 이, 눈(眼)에는 눈"으로 상대하였으므로 예수의 비폭력 무저항주의와는 사뭇 달랐다. 그리하여 막달라 마리아는 14년 만에 헤어지는데 그는 애굽 사람이 많이 사는 프랑스 마르세이유로 가 43년 3월 셋째 아들 요셉을 낳는다. 그리고 마르세

제1편 잃어버린 예수의 역사 19

이유 근교에 교회를 세우고 예수의 종교 그리스도교를 충실히 전도하였다. 그 결과 많은 신도들이 모여 서기 63년 60세로 생봄에서 생을 마쳤다. 그 후 랑독지방에 그녀에게 봉헌된 유명한 렌느르 샤또 성당이 세워졌고 그의 묘지가 있는 성 막시무스와 파리의 노틀담(샤뜨르·루앙·아미앙·라옹·렘·에땅쁘·베이에·에베레)에 성당이 건립되어 그녀의 성상을 모시고 있다.1)

어떤 복음서에서는 그녀를 "일곱 마귀에 걸린 여인"이라든가, "창녀·간통자"로 매도하고 있으나 이는 후대 사람들이 잘못 알고 기록한 것이다.

장남 유스도는 그의 아들 대에서 손이 끊어지고 차남 요셉프스의 아들 요수가 예수의 증손자를 낳아 아미나답 왕으로 이어진다.

한편 예수님 동생 야고보는 브리튼왕의 고손녀 에니케우스와 결혼하여 안나라는 딸을 낳았는데, 안나가 브리튼왕의 증손자 브란과 결혼하여 딸 페나르던을 낳는다. 그리고 그녀는 브리튼 왕의 고손자 마리우스왕과 결혼하여 코엘왕을 낳는다. 코엘왕은 3남매 중 에우르겐은 예수의 증손자 아미나답왕과 결혼하여 자손을 두는데 이들이 곧 프랑스 골왕국의 휘세왕이다. 유르겐의 오빠 아틸데왕에서 몇 대가 지나면 프랑스의 메로빙 왕조(486~756)에 이른다. 또한 유르겐의 둘째 오빠 루시우스에서 4대 후에는 콘스탄티누스 대제가 나온다.

예수와 야고보는 아틸데 - 루시우스 - 에우르겐 대에 이르러 데스포시니(Desposyni)를 형성한다. 이것이 막달라 마리아의

---

1) 우리나라에서는 성모마리아를 모신 곳이 많으나 불란서에서는 막달라 마리아를 모신 곳이 더 많다.

계통이고 예수의 아우 야고보의 후계이다.

2. 두 번째 부인 리디아

예수가 동굴 무덤에 있다가 소생되었을 때 시몬이 그의 어머니 마리아와 함께 시봉하였다. 예수가 어느 정도 회복하자 두 마리아와 에세네 신도들은 예수를 나귀에 싣고 갈릴리로 가2) 은둔생활에 들어갔다.

바울이 야심찬 전도로 안디옥으로부터 소아시아 예베소로 그리스땅 빌립보로 갔을 때 예수는 그의 제자들이나 추종자들을 배후에서 조종하며 조용히 살고 있었다. 서기 49년 예수는 바울의 요청으로 그리스 선교에 동행하였다가 그리스 마케도니아에서 10여 년을 살게 되었다. 서기 50년 예수는 그곳 교당에 속해 있는 리디아를 사귀게 되었는데 자줏빛 염료를 파는 여인이었다. 자줏빛 염료는 뿔고둥에서 추출한 염료로써 일반인들은 쓸 수 없는 왕족이나 귀족, 부자들만 쓸 수 있는 것이었으므로 그 또한 부유층에 속한 사람이었다. 그는 일찍이 바울의 말을 듣고 가족들이 다같이 세례를 받은 처지였다.

여기서도 신도들과 제자들 사이에서 갈등을 겪었으나 그녀가 병이 들어 의사 누가한테3) 부탁하고 떠났는데 거기서 딸 하나를 얻고 그만 사별하였다. 예수가 그녀에게 여러 통의 편지를 보내 사랑을 표현했다는 사실은 의사 누가한테서 들은

---

2) 유대와 사마리아를 옆에 끼고 있는 갈릴리는 헬라·로마세계에서 가장 많은 유대인이 모여 사는 곳이었다.
3) 바울의 동역자 누가는 유일한 이방인으로 의사로서 누가복음을 지은 사람이다. 예수님의 병간호도 많이 했지만, 둘째 사모님을 모시게 되어 인간 예수의 역사를 가장 사실적으로 기록할 수 있는 인물이었다.

소식이다.

3. 셋째 부인 마리온

카쉬미르왕 아크(Ach)는 서쪽에서 온 현자 예수에 대한 소문을 듣고 찾아와 물었다.

"선생님. 당신은 누구십니까?"

"사람들은 나를 유즈 아사프라고 부릅니다. 저는 오랜 고행과 참회 끝에 사람들에게 진실과 사랑을 가르치고 있습니다."

"당신의 종교는 무엇입니까?"

"나는 오직 유일신을 믿습니다. 육체적 불순을 버리고 기도 속에서 진실을 구하고 계율을 지키고 항상 하나님을 생각하며 감사하며 삽니다. 씨를 뿌리는 자는 반드시 새싹을 얻을 수 있기 때문입니다."

"나는 당신을 왕궁으로 초대하고 싶습니다."

"감사합니다."

초대된 예수는 대신들에게 설교하고 설교가 끝난 뒤 잔치가 벌어졌다. 찬양의 노래가 끝나고 무희들이 춤을 추자 아크왕은 시종을 시켜 아직 직처가 정해지지 않은 시녀들을 불렀다.

"들거라. 여기 계신 아사프 선생은 성인이시다. 누가 이 분을 모시고 시봉하겠느냐?"

예수는 사양하였다.

"국왕께서 저를 배려해주시는 것은 깊이 감사할 일이나 저에게는 아무것도 필요하지 않습니다."

"나이 많은 노인이 시봉이 없이 어찌 산단 말씀입니까?"

그때 카쉬미르 초원 말라감에서 양을 쳤던 마리온이 말했다.

"저는 히브리 출신 유대교인입니다. 제가 이 어른을 모시고자 합니다."

그리하여 예수는 이 여인과 결혼하여 아들 아호이아킴을 낳았다.

이 내용은 페르시아고서 네가리스에 등장하는 샬레와 힌 왕 편에도 나오고, 힌두교 18성전의 하나인 브히비사야 마하푸라나에는 "이사 마시, 예수 메시야"로 나온다.

탁실라에 있는 예수 상에는 종종 아들과 함께 제자 도마를 찾아갔던 사실이 부각되어 있다.

그의 자손 가운데서는 21세기를 지나면서 사이부자다 히더 솔로만 – 한데르손 – 샤브랑 메이에르 – 루스툼 다이안 – 쿠스루 이남다 – 캄가르 키르마니– 타브레즈 이스파하니– 아프타브 라프산야니– 소흐라브 이스판디야르– 아프라시아브 페할위– 이르판 샤바즈– 투파일 타이다르– 파르와즈 하이얕– 샤하르야르 아딜– 사히브자다 아부베커– 아브두스 사마드– 압둘 아하드– 굴람 모히유딘– 바샤랏 살림 등으로 이어져 지금 사히브자다 임티아즈 샤힌이 계승하고 있다.

여기서 '사히브자다'란 '예언자의 후손'이란 뜻이다. 유럽의 막달라 마리아 계통에 비하면 그 혈통이 매우 순수하게 이어졌으나 후세 사람들(기독교)이 그 족보를 파괴하여 중간의 40대부터 3,4대가 도난당한 상태이지만 기록보다는 암기를 중시하는 인도 사람들의 관습에 따라 페르시아인들의 기록에 잘

보존되어 있다고 한다.
〈목영일 박사의 예수의 마지막 오딧세이〉

천혜의 보고 카쉬미르

그러면 어찌하여 예수는 그렇게 깊고 깊은 오지 카쉬미르를 최후의 열반지로 선택하였는가. 한 마디로 그곳은 세계의 명당이요 휴양지며, 유태인들이 많이 살고 있는 곳이었기 때문이다.

12세기 페르시아의 위대한 시인 사디(Saadi)는 "만일 지상에 천국이 있다면 바로 이곳 카쉬미르가 그곳이다" 하고, 15세기 자미(Jami)도 "요정들이 출몰하는 경이로운 땅이며, 인간들이 살기에 가장 알맞은 지상낙원이다" 하였다.

지금 인도 서북부 파키스탄 중국과 아프가니스탄의 국경을 이루는 이 지점은 서기 전부터 전세계에 알려진 명당이다. 지역 면적이 22만 km²이니 우리나라 남북을 합친 것만 하다.

인구는 약 480만명 가량 살고 있으며 정식 명칭은 잠무 카쉬미르(Jammu Kashmir)이다. 펀쟈브 평원과 잠무 구릉지대와 계곡, 카쉬미르를 통칭하여 부르는 이름이다. 거의 모든 지역이 험준한 산악지대로 세계 최고봉군과 극지의 빙하군들이 한데 모여 있는 무릉도원이다.

인더스강이 동쪽에서 서로 관통하여 남쪽의 펩잡 히말라야 산맥 서단부에 닿고, 북쪽에서는 카라코람 산맥이 요람을 이루고 있다. 가장 높은 산은 카라코람의 제2봉 K$_2$(8611m)이고 히말라야 남단에 있는 낭가파르바드산(8125m)도 거기 있다. 인더스강과 그 지류는 여러 산맥 사이를 깊은 협곡을 이루면서 서·남쪽으로 흘러 파키스탄에 이르러 관계수로를 형성하고 있다.

이와 같이 카쉬미르 지방은 대부분 산악지대로 형성되어 있으나 그 중에서 젤림강 상류의 피르판잘 산맥과 히말라야의 주산맥에 있는 카쉬미르 계곡 약 2만 2천㎢가 풍부한 하천수로 비옥한 토지를 이루고 있기 때문에 수도 스리나가르도 이 계곡에 있다. 행복한 도시 카쉬미르에서는 쌀·옥수수·보리·밀·과수·야채 등이 생산되고 목축·양잠도 활발하여 카시미어직(織) 숄은 세계적으로 유명하다. 요즘도 담요·벨트 등 양모공업이 풍성하다고 한다.

또 산림도 우거져 이 지방의 중요한 수입원이 되고 있으나 지리적으로 인도평야에서 신장 티베트로 들어가는 통상로이기 때문에 동서 사람들의 왕래가 빈번하다. 20대 인도 유학 때는 공부할 맘으로 딴 생각 없이 이 길을 통과하여 티베트로 갔으나 지금 와서 보니 진짜로 아름다운 동산이었다. 팔레스티나에서 열혈 청년으로 혁명 투사적 사고를 가지고 있을 때는 전혀 보이지 않던 대자연의 아름다운 풍경이 마치 어머니의 품안처럼 평온하면서도 아름다웠다. 예수는 이곳에서 말을 잊고 종종 깊은 명상에 들었다.

"정적(靜寂)을 구하라. 그리하면 그곳에서 신을 만날 수 있다. 밝은 빛 속에 지혜의 샘이 솟고 사랑과 권능이 나타난다."

하고 푸른 초원에서 유유히 양을 따라다니는 양치기를 보고

"나는 양치기다. 나는 내 양을 잘 안다. 내 우리 속에 있지

않는 양들을 모두 데려다 한 우리에 넣어야 한다."

　5천년 이후 동서 사방으로 흩어져 끼리끼리 무리를 지어 살고 있는 유대인들, 예수는 그들을 양으로 보고 한데 모아 살기를 희망했으며, 먹이를 따라 동서 사방으로 헤매고 다니는 인간 양떼들을 하나님의 우리 속에 모아 평온히 휴식할 수 있도록 해야겠다고 생각하였다.

　추울 때는 햇빛을 받고 더울 때는 숲속에 들어가며, 어두운 밤에는 달과 별의 혜택을 받았다. 한 발짝 옮기면 산딸기가 반겨주고, 잠잘 때는 꿈도 없고 깨어나서도 한 가지 그리운 것이 없다. 그래서 그는 그 말년에 이 세상에서 가장 부유한 자로 마지막 생을 영위하고 있었다.

예수님의 어머니 마리아

　마리아는 갈릴리 지방 나사렛 마을 출신이다. 아우구스투스 케사르 시절 헤롯과 안티파스가 예루살렘을 지배하고 있을 때 태어났다. 나사렛 마을은 유태·사마리아·갈릴리 세 마을을 포함한 팔레스타인 종족과 함께 살아오고 있었다.
　아버지 요하킴은 나사렛 출신으로 팔레스타인의 율법사였고, 어머니 안나는 유태족이었다. 모처럼 귀한 딸 마리아를 낳아 큰잔치를 벌렸을 때 최고회의 재판장 산헤드린이 와서 "장래 귀한 사람이 되겠다" 예언하고, "하나님의 성전에서 기르는 것이 좋겠다" 하여 세살 때부터 단(Dan) 종단의 성전에 들어가 산헤드린의 가르침을 받고 유대 전통의 교훈을 받았다. 천지창조로부터 인간의 역사, 아담의 자손들, 노아의 무지개에 이르기까지 구약성서를 철저히 배워 아브라함의 족보를 녹음기처럼 외웠다.
　그러다가 그는 열다섯 살 때 다윗왕의 후손인 목수 요셉과 약혼하였다. 단 종단사람들은 금욕주의적 수도사처럼 살았으며, 명상과 피정(避靜)을 중심으로 하였다. 젊은 여자가 법적으로 혼인하기 전까지는 처녀 또는 수녀처럼 지냈다.
　마리아를 히브리말로는 '미리암', 아랍어로는 '마리암'이라 불렀는데, 헬라어로 번역하면 '사랑받는' '높여진'이란 뜻으로 이해된다.

　성경에 의하면 마리아는 약혼식 당시 성령에 의하여 잉태된 상태였다. 18세 손위인 요셉은 그의 첫부인 살로메와 사별한 상태였으며, 전처 소생의 두 딸 아씨아와 리디아도 이미 출가시킨 상태였기 때문에 그 말을 순수히 받아들여 믿음을 보였다. 그래서 마리아는 사가랴의 집에 가서 엘리사벳을 만나 천사가 전해준 메시지를 다시 한 번 확인하고 가이사 아구스도의 호적령이 내려지자 정혼한 요셉과 함께 베들레헴으로 호적하러 가다가 어느 마구간에서 아기 예수를 낳게 되었다.

　그 뒤 마리아는 예수 외에도 야고보·요세·시몬 그리고 유드를 낳고, 세 명의 딸을 더 낳아 모두 여덟 명의 자녀를 낳아 길렀다. 그러나 마리아는 서기 23년에 요셉을 잃고 과부가 된다.

　성서에 의하면 예수의 어머니 마리아는 남자를 접해본 일이 없는 "영원한 처녀"로 기록되어 있다. 그렇다면 예수는 다윗의 후손이 아니고 요셉의 혈육도 아니란 말이다.

　여기에 문제가 생긴다. 누가의 말을 신학적으로 믿는다면 예수는 영원히 사생아가 될 수밖에 없고, 그의 동생들도 마찬가지다. 사실 예수는 어려서부터 요셉의 적자냐 사생아냐 하는 문제를 가지고 많은 신경을 쓰게 된다. 요셉이 가문의 혼인율을 어기고 정식 결혼 이전에 임신시켰기 때문이다.

　따라서 여기서 로마 병정 판다바를 그의 애인으로 보는 학설과 후에 사두개파에서 요셉의 아들로 인정한 학설 두 가지가 나타나게 된다.

　첫째 학설은 마리아가 성전에 있을 때 그 성전을 지켜주던 로마 병정 판다바와 관계하여 임신하였다는 학설이고, 둘째 학설은 성 모럴에 도덕률을 엄격히 적용한 바리새파들의 주장에서 연유된 것이다.

예수 당대 대제사장 시몬 보에투스나 가야바 그리고 기타 바리새파에서는 예수를 혼외태생의 사생아나 고아로 보고 아예 호적에 올려주지 않았는데, 서기 20년에 같은 사두개파에서 나온 안나스가 관대한 도덕률을 적용하여 예수를 요셉의 실질적 상속자로 인정하였다. 왜냐하면 예수는 당시 정치적인 상황으로 볼 때는 장차 나라의 왕이 되어야 할 사람이든지 아니면 유대교의 절대 권한을 가져 교황이 되어야 할 사람이었기 때문이다.

사실 예수는 BC. 7년 3월에 태어났다. 실제 서력기원은 예수가 태어난 해로부터 계산하여야 하는데, 마태·누가복음에서 헤롯대왕 재위 끝 즉 BC. 4년에 예수가 탄생한 것으로 기록하였기 때문에 서기 6C에 와서야 율리우스력, 그레고리우스력을 비교하여 7년 정도 계산착오가 난 것을 확인하고 정비하였던 것이다. 물론 이 같은 사실은 예수뿐 아니라 많은 사람들이 호적을 정정하였다는 사실이 여기저기서 드러나고 있다.

서기 314년 로마의 콘스탄티누스대제는 예수의 공식적 생일을 3월15일에서 12월25일로 바꾸는데 그리스도 경축일에서 유대교적인 요소를 삭제하기 위하여 일부러 그렇게 하였던 것이다. 사실 그 때 로마인들은 열렬히 태양신 미트라를 숭배하고 있었는데, 미트라의 생일은 12월25일이었다. 그래서 미트라의 생일(12월25일)로 예수 생일을 쇠면 저절로 태양숭배사상이 밀려나가 기독교로 대체될 수 있었기 때문이다.

또 당시 사람들은 가문의 혼인율을 어기고 아기를 낳으면 그 아이는 사생아로써 '맘저(mamjer)'라 하여 호적이 없는 고아로 취급하였다. 그리고 그 맘저에게는 여러 가지 사회적 제재가 따랐다. 사실 저 유명한 이탈리아의 예술가이며 과학자인 레오나르도 다빈치라든가, 프랑스의 문호 볼테르, 소설 춘희의 작가 뒤마, 아라비아의 로렌스, 아랍의 민족운동가 토마스 로렌스 등이 모두 그와 같은 처지에 놓여있었던 사생아들이다.

그래서 목영일 박사는 다음과 같이 서술한다.

"요셉의 아버지 야곱 헬리는 위대한 이스라엘의 왕 다윗왕의 차남의 후손으로 헤롯왕 때 정권과 손잡고 야곱파의 원로로써 BC. 17년 그의 아버지(야곱 헬리)가 죽자 잠정적으로 다윗왕의 계승자가 된다. 그런데 BC. 8년 6월1일 요셉과 마리아가 약혼식을 올렸는데 약혼식 후에는 반드시 예비기간을 가지고 있다가 두 번째 결혼식을 하고 합방하게 되어 있었다. 그렇기 때문에 유대의 왕가에서는 대부분 9월달에 약혼하고 12월 달에 결혼하여 이듬에 9월경에 아이를 낳는 경우가 많았는데 요셉은 이 절차를 어기고 약혼한 달에 입방하여 BC. 7년 3월에 아기를 낳았으므로 문제가 되었던 것이다.

그래서 첫째는 혼인을 무효화하고 태어난 아이를 사제들에게 양육시키는 방법과, 둘째는 속히 손을 써서 그를 적자로 만들어 그 집안의 권위를 계승하게 하는 방법밖에 없었다. 그런데 요셉은 레위족 사제 천사 시몬을 만나 그의 지시를 받고 약혼식 날을 결혼식 날로 바꾸어 신고했다고 한다.

그리고 히브리어 '알마(almah)'는 젊은 여자라 번역하게 되어있는데, 성서학자들이 '젊은 여자'를 동정녀로 잘못 번역하여 곤욕을 겪게 되었다고 하였다."
　<목영일 저, 예수의 마지막 오딧세이 50~60쪽>

예수의 아버지 요셉

　예수님의 아버지 요셉은 물론 어머니 마리아의 남편이다. 그의 아들들은 예수님·야고보·요셉·유다·시몬 등이 있으며, 직업은 목수였다. 신약시대의 약혼은 결혼으로 연결되어 법적으로 위임의 성격을 가지게 되는 것인데 요셉이 그의 약혼녀와 법적 수속을 밟으려 했을 때 마리아가 이미 임신한 사실을 알게 되었다.
　그는 첫 번째 결혼한 여인으로부터 두 딸을 두어 이미 출가시킨 뒤였으므로 부담 없이 마리아와 약혼에 응했는데, 그러나 믿음이 있는 요셉은 천사의 말을 듣고 조용히 결혼 준비를 진행하였고, 그 뒤에도 천사의 말을 듣고 가족들과 함께 이집트로 내려갔다가 다시 천사의 말을 듣고 나사렛 동네로 와 살게 되었다고 한다. 그의 천사가 누구인지는 알 수 없으나 성서학자들은 '시몬'이 아닌가 생각하였다.
　≪예수의 마지막 오딧세이≫를 보면 그는 가문의 결혼 룰을 어김으로써 함께 사는 부인과 거기서 태어난 예수에 대하여 매우 미안하게 생각하고 있었다. 예수가 열두 살 유월절에 예수를 데리고 예루살렘에 갔다가 예수를 잃어버리고 150km 넘는 길을 되돌아와 예루살렘 성전에서 다시 만났을 때,
　"네 아버지와 나는 걱정이 되어 너를 찾았단다."

하니

"어찌하여 저를 찾으셨습니까. 제가 제 아버지의 일을 해야 할 줄을 모르셨습니까."

하여 새삼스럽게 놀랐다. 요셉은 예수를 자기 아들로 생각하고 있었는데 예수는 하나님을 자기 아버지라 생각하고 있었으니 말이다. 성직자들은 이 아이가 인간의 삶, 불공정·비참·불의에 대하여 답변하기 어려울 정도로 무서운 질문을 하였다고 말했다.

"유대인은 하나님께서 특별히 선택한 민족입니까?"
"그런데 왜 우리의 삶은 이토록 비참합니까?"
"하나님의 뜻을 따르지 못해서입니까. 아니면 우리가 잘못해서입니까?"
"하나님이 좋아하는 음식이라고는 하지만 희생제는 참으로 비참합니다."

하고 물었다. 그러므로 예수는 "장차 큰일을 할 수 있는 사람이니 잘 기르라" 하였다. 과연 그는 집에 와서 목수일을 하는데 남다른 데가 있었다. 외국에서 온 사람들이 지붕 위에서 목수일을 하고 내려오는 예수님께 물었다.

"여기서 그대는 무엇을 하는가?"
"사상의 연장을 조립하여 마음의 공장을 짓고 있습니다."
"손에 든 것이 무엇인가?"
"행위를 재는 자(尺)입니다."
"참으로 훌륭한 집을 짓고 있구나."
"도끼로 모난 곳을 잘라내고 진리의 못을 박으면 세상이 모두 평등하게 됩니다. 정은 막힌 곳을 뚫고 줄은 굽은 곳을 펴고, 먹통은 믿음과 소망을 가늠합니다."

"나는 남인도 오릿사주의 왕자인데 나를 따라 좀더 넓은 세계를 보지 않겠는가?"

하고 물으니

"부모님께서 승낙만 하신다면 나도 거기 가서 또 다른 것을 보고 배우고 싶습니다."

그리하여 예수는 나빈나 왕자를 따라 인도에 유학하게 되었다는 것이다.

율리우스역과 그레고리오역

　율리우스역은 로마의 율리우스 카에자르(Caesar)가 BC. 46년에 이집트역을 수입하여 제정한 달력이다. 소시제네스를 고문으로 하여 제정한 태양력으로 BC. 46년경부터서 실시되었다.
　1년을 365일로 하고 4년마다 한번식 윤년을 두었다. 로마역의 월명(月名)을 따고 1년이 3월부터 시작되던 것을 1월부터 시작되는 것으로 고쳤는데, 그 후에 7월로 율리우스 카에자르, 8월은 아우구스투스를 기념하기 위하여 이름을 변경하였다. 달 이름과 순서 일수는 현행 그레고리오역과 다름없다. 1582년 그레고리오역이 제정될 때까지는 널리 사용되었다.

　그레고리오역도 역시 태양력이다. 서력기원 연수가 4로 나누어지는 해를 윤년으로 하되 100년으로 나누어지고 400년으로 나누어지지 않는 해는 평년으로 정하였다. 로마 교황 그레고리우스 13세가 1285년 10월5일을 10월5일로 정하여 이때부터 실시했으나 신교국들에게서는 채용이 늦어졌다. 19세기에 이르러 이 방식이 세계적으로 사용하게 되었으니까 말이다.
　우리나라에서도 옛날 처음에는 동지(冬至)를 설로 쇠다가 정월 보름을 설로 쇠기도 하였는데, 이 두 개를 조절하여 정월 초하루를 설로 쇠게 되었다. 동지는 태양력을 중심으로 한 것이고, 보름은 태음력을 중심으로 한 것이다. 그래도 우리는 3면이 바다로 둘러싸여 있기 때문에 조수간만의 차이를 따라 음력을 많이 써왔고, 지금도 많이 쓰고 있는 편이지만, 바다를 배경으로 하지 않는 육지의 나라들에서는 태양력을 중심으로 썼다.

태양력을 중심으로 하는 나라는 동지와 하지가 해의 길고 짧음을 따라 세상이 새로 이룩되는 것으로 생각하였고, 달을 중심으로 하는 나라는 초하루 보름을 중심으로 하되 바닷물의 쓰고 드는 것을 눈여겨 계산하였다.

예수는 실제 BC. 7년 3월에 태어났다. 본래 서력기원은 예수가 태어나는 해를 시점으로 하고 있으므로 그 해를 AD. 1년으로 하는 것이 옳다. 그런데 마태복음과 누가복음에서는 예수의 탄생이 헤로데 대왕 재위의 끝이었다고 하여 오랫동안 헤롯왕이 죽은 BC. 4년을 예수의 탄생해로 계산하다 보니 이 같은 오류가 발생하게 된 것이다. 율법학자들은 서기 6세기에 와서 역사를 정비하기 위하여 BC(Before Christ). AD(Anno Domini)를 정하면서 율리우스역과 그레고리오역을 비교하다보니 계산이 7년 정도 착오가 나게 되었다.

그런데 서기 314년 로마의 콘스탄티누스대제는 예수의 공식적인 생일을 3월15일에서 12월25일로 바꾸었는데, 그것은 그리스도교의 경축일에서 유대교적 요소를 제거하기 위한 것이었다. 말하자면 예루살렘과의 연계를 단절시키고 로마를 본장으로 하는 독자적 종교로 탈바꿈시키려는데 목적이 있었다. 사실 그 때 로마인들은 12월25일을 태양재일로 태양신앙을 근본으로 하였기 때문에 이 날을 예수의 생일로 정하면 저절로 태양신앙이 없어져 버리고 기독교의 축제일로 바꿔질 것이라 생각하였는데 실제는 이 둘이 함께 어울린 축제가 되고 말았다. 그렇다고 지금 와서 예수님의 생일을 3월15일로 새롭게 쉰다고 하더라도 의미가 없어지게 된다. 뒤바뀐 역사를 바로 잡으려는 것보다도 그런 줄 알고 살면 오히려 세상의 혼돈이 적어지기 때문이다.

유대의 역사

　유대(Judea)는 일반적으로 팔레스타인 지역을 부르는 말이다. 유다지파들이 그곳에 많이 살고 있었기 때문이다. 바벨론 포로 귀환 이후에는 예루살렘 주변지역을 가리키는 말로 사용되었는데, 그 범위는 남 헤브론에서 북 벧술까지였다.
　마카비 반란 이후와 하스몬 왕조 때는 갈릴리·사마리아·이두매·해안도시까지 편입되었고, 하스몬 왕조가 몰락한 뒤에는 이두매 출신 헤롯이 BC. 40년 로마 원로원으로부터 유대 왕에 임명되었다. 헤롯왕 이후에는 그 세 아들이 나누어 다스렸는데, 아켈라오는 유대를 물려받아 갈릴리와 베뢰아는 제외되고 이두매와 사마리아가 포함되었다. 아켈라오가 해임당한 뒤에는 로마가 유대총독을 따로 보냈으나 예루살렘에서 정치하지 않고 가이사랴에 거주하였다.
　원시 유다족들은 유목민으로 이집트에 가서 노동하다가 사사시대를 지나 중앙집권체제를 갖추기 시작하여 비로소 이스라엘의 왕정을 형성한다. 첫 왕은 베냐민지파 출신 사울이었으나 그가 죽은 뒤 왕권은 다윗왕에게 넘어가 바벨론이 예루살렘을 점령한 BC. 586년까지 존속된다.
　솔로몬은 하솔·게셀·므깃도에 병기성을 만들어 요충지대로 만들고, 이스라엘을 통과하는 무역로를 장악하여 국고를 불어나게 하고, 예루살렘에 성전을 지어 이스라엘을 종교중심 국가로 형성하였다. 그러나 많은 외국 인부들에게 과도한 세금을 부과하고 심한 노역으로 인하여 솔로몬왕의 사후에는 여로보암이 르호보암에 반대하는 세력을 규합하여 북왕국을 세우니 곧 나라는 남북으로 나누어지게 되었다.

북왕국은 이스라엘이 멸망할 때까지 아홉 번이나 왕조가 바뀌고 19명의 왕이 통치하였으나 남 유다는 바벨론이 침공할 때까지 왕조의 교체 없이 정통성을 유지하였다. 남왕국의 영토는 북왕국에 비하면 이스라엘의 절반밖에 되지 않았다.

남북 분열 이후 유다의 종교가 혼합상태에 있었으나 아사와 여호사밧이 이방신을 몰아내고 여호와신앙을 중심으로 하려고 노력하였다. 여호사밧은 북왕국과 처음으로 우호관계를 맺고 그의 아들 여호람이 왕위에 올랐을 때 북왕국 아합의 딸 아달랴와 결혼하여 북왕국이 멸망할 때까지 우호를 지속하였다. 그런데 모친 아달랴가 권력을 쥐고 흔들다가 살해된 뒤 새로 왕위에 오른 요아스가 성전을 수리하고 여호와 중심의 나라를 세우려 노력하여 짧은 기간 동안이라도 경제가 부흥되었다.

그런데 BC. 722년 앗수르제국이 북왕국을 멸망한 뒤에는 남왕국도 앗수르의 수하에 들어가 세금을 바쳤다. 남왕국 유다는 앗수르의 세력하에 들어가 앗수르가 약해진 틈을 이용하여 종교개혁으로 이방신을 추방하였다. 앗수르의 산헤립은 유다를 공격하여 라기스를 점령하고 예루살렘으로 진군하여 유다를 위협하였으나 항복받지는 못하였다. 히스기야 당시 예루살렘은 가장 확장된 큰 나라가 되었다. 북왕국이 멸망한 뒤 남쪽으로 이주해온 주민들과 앗수르에서 위험을 느낀 유다의 주민들이 예루살렘으로 몰렸기 때문이다.

남왕국 말기 히스기야와 달리 그의 아들 므낫세는 친앗수르 정책을 펴 앗수르의 속국이나 다름 없었으나 종교적 혼합이 극심하게 된 것을 요시야가 종교개혁으로 여호와 신앙으로 회복하였다.

앗수르제국은 BC. 612년 니느웨의 함락과 함께 몰락하고 느부갓네살의 바벨론제국이 일어났다. 앗수르는 니느웨가 함락되자 애굽왕 느고에게 구원을 요청해 요시야는 이를 방어하다가 므깃도에서 전사하였다.

여호야김의 통치기간 중 바벨론 군대는 예루살렘을 공격했고, 여호야김 재위시 바벨론이 예루살렘을 점령 그를 바벨론으로 끌고 갔다. 포로가 된 여호야김 대신에 시드기야가 왕이 되어 바벨론에 반기를 들었으나 바벨론 군대에게 눈이 뽑힌 뒤 바벨론으로 끌려가 죽었다. 대부분 국민들은 바벨론에 포로로 끌려가고 느부갓네살은 그달리야를 유다 총독으로 임명하였으나 총독마저 암살당했다.

이렇게 하여 BC. 586년 남왕국 유다는 막을 내리고 이스라엘 백성들의 바벨론 유배생활이 시작되었다. 그러나 선지자들은 그들이 돌아올 것을 계속해서 선포하였으나 2천년이 넘도록 온 세계를 유랑하다가 1900년대 이르러서야 비로소 나라를 세우게 된 것이다.

로마에 의하여 억류된 이스라엘이 서기 66년 무렵으로 독립을 쟁취하려다가 네로황제가 파견한 베스파시아우스장군과 6만 보병과 기마병·포병·공병을 이끌고 온 그의 아들 티투스에 의하여 예루살렘이 포위 공략되고, 가버나움 등 갈릴리의 작은 마을에 이르기까지 초토가 되어 10만 명이 죽고 9만명 이상이 포로로 끌려갔다. 그래서 서기 70년 예루살렘은 자국도 없이 불에 타버렸고, 72년 살아남은 열심당원들은 엘리아자르 벤 야이르의 지휘 아래 마사다에서 농성하다가 실바 장군이 이끄는 10만 로마군단에 의하여 함락되고 열심당원들은 집단 자살하였다.

그래서 유대는 그리스도교이든 유대교이든 발을 디디지 못하는 남의 땅이 되었고, 티투스의 거대한 개선문이 성전터에 세워지고 로마의 새로운 황제 하드리아누스는 유대 땅을 카피톨리나라는 식민지로 접수, 주피터신상과 경기장·목욕탕·극장 등을 건립하게 되었던 것이다.

결국 오랜 세월 희망하던 유다 왕국은 오지 않았고, 그 희망도 사라졌지만 세계 각국에 유랑하던 두뇌군단들이 미국 뉴욕에 모여 세계의 빛으로 나타나 유대인 공동체를 만들어 잃었던 조국을 찾고 새 시대의 랍비로써 활동하고 있으나 결국 중동지방에 화약고가 되어 수십년 동안 아직도 긴장 속에 전쟁만 계속하고 있는 것이다.

머리만 좋고 돈만 많고, 결사적인 사고방식을 갖는다 하여 잘 사는 것이 아니라는 것을 우리는 이 역사를 통하여 알 수 있다. 덕이 있고 공을 쌓아야 그 자손이 잘되는 것이다.

이스라엘의 전쟁사

야곱이 얍복강가에서 천사와 씨름하여 이긴 후에 새로 불려진 야곱의 이름이 이스라엘이다. '하나님과 겨루어 이긴 자'라는 뜻으로 야곱의 후손들로 이루어진 민족을 이렇게 불렀다.

솔로몬 이후 여로보암을 중심으로 한 열지파의 반란으로 이루어진 북왕국을 이르기도 한다. 북왕국이 멸망한 뒤에는 남유다의 동의어로 쓰기도 하였으며, 바벨론 포로 이후에는 회복된 공동체를 이르는 말로 쓰여지기도 하였다. 그러나 신약에서는 하나님의 믿음을 가진 백성들을 상징하기도 하였다.

사사시대는 중앙집권적 권력부재로 정치·경제·군사 면에서 약세를 면치 못하여 항상 블레셋과 같은 주변국가의 위협을 받아왔기 때문에 왕정을 희망 BC. 1050년경에는 초대왕 사울이 암몬·블레셋·모압·에돔 등과 전쟁을 치르며 이스라엘을 방비하였다. 그러나 그는 제사장만이 치를 수 있는 제사를 자신이 직접 드리는 등 점차 교만해지고 하나님께 순종하지 않아 버림을 받게 되어 블레셋과의 전쟁에서 비참한 죽음을 당해 결국 그 왕권은 사울의 후손이 아닌 다윗에게 넘어가게 되었다.

다윗은 예루살렘을 수도로 정하고 하나님의 법궤를 옮겨

정치와 종교의 중심도시로 형성 영토를 확장하고 통치를 위한 조직을 점차 갖추게 되었다. 다윗의 뒤를 이은 솔로몬은 다윗이 마련한 토대 위에 무역을 발달시켜 국가 수입을 늘려 이스라엘의 부흥을 꾀하였다. 그러나 성전과 건축 중요한 업적을 남기기는 했으나 절대 군주적 행동으로 백성들의 원성을 많이 샀다.

솔로몬 이후 불만을 품었던 여로보암이 북쪽세력을 규합하자 이스라엘은 곧 남북으로 분열, 종교적인 분열까지 가중하게 되었다. 남왕국 유다는 다윗왕조를 계속 유지해갔지만, 북왕국 이스라엘은 여로보암부터 마지막 왕인 호세아까지 9왕조 19왕이 거치는 사이 무려 여덟 명의 왕들이 암살되었다.

여로보암은 에브라임지파를 선동하여 반란을 일으켰다. 여로보암은 세겜에 수도를 정하고 단과 벧엘에 금송아지를 세워 백성들을 예루살렘 성전으로 가지 못하게 하고, 또 레위인을 몰아내고 보통사람으로 제사장을 삼고 절기도 마음대로 정하였다.

바아사는 여로보암의 아들 나답을 살해하고 왕위에 올라 남유다를 침공하여 괴롭혔다. 그러나 그는 시므리의 쿠데타에 의하여 끝을 맺었다.

오므리왕조는 아합·아하시야·여호람 등 4대에 걸쳐 약 44년간 북이스라엘을 통치하였다. 오므리는 반란을 일으켜 엘라를 죽이고 이스라엘 왕이 된 시므리를 7일만에 무너뜨리고 왕권을 얻었다. 수도를 디르사로 정하고 6년 동안 치리하다가 사마리아로 옮겼다. 모압을 정복하고 다메섹과 유다와 동맹을 맺는 등 군사력으로 강력한 이스라엘을 이루었다.

오므리의 아들 아합은 시돈 출신의 이세벨을 아내로 맞고 바알을 섬기며 막강한 군사력을 길러 정치 경제적으로 크게 번성하였다.

오므리왕조가 타락하자 예후는 쿠데타를 일으켜 바알신앙을 근절 하였으나 정치적 혼란이 그치지 않았다.

앗수르의 세력이 점차 커지면서 북이스라엘은 위험에 직면하게 되었다. 호세아왕은 애굽을 의지하고 앗수르에 대한 반역을 일으켰다. 그러나 앗수르의 군대는 3년 동안 포위되어 있어 결국 사마리아는 앗수르에 의해 점령되고 백성들은 유배당했고 앗수르에 점령당한 타민족들이 사마리아에 정착하게 되었다. 앗수르의 혼합정책은 사마리아에 북이스라엘 백성과 타민족을 혼합시켜 외부 지배층에 대한 반발을 야기시키지 않으려고 노력하였다. 이로 인해 사마리아는 혼혈민족이 되고 순수한 남왕국만이 유대인을 자처하게 되었다.

바벨론은 유다왕국을 함락시키고 유다 백성들을 바벨론으로 끌고 갔다. 그 후 바벨론을 정복한 바사(페르시아)의 고레스왕이 유대인들을 고향으로 돌아가는 것을 허락해 주었다.

느헤미야 이후부터 마케도니아의 알렉산더대왕이 등장할 때까지 이스라엘의 역사자료는 거의 없다. 알렉산더의 동방정책으로 동서가 하나의 헬레니즘을 형성하였기 때문이다. BC. 323년 알렉산더대왕이 죽지만 그 후 후계자들이 3개의 왕국으로 나누어 통치하면서 헬레니즘문화를 꽃피웠다. 애굽에는 프톨레미왕조가 세워졌고, 시리아에는 셀레우쿠스왕조가 세워졌는데 지리적으로 애굽과 시리아 중간에 끼워있던 이스라엘은 강대국들의 시달림을 받아야 했다.

BC. 200년까지는 프톨레미왕조의 지배를 받다가 얼마 가지 않아 셀레우쿠스왕조의 안티오쿠스 에피파네스왕에게로 넘어

갔다. 그래서 이스라엘의 지도층들은 대부분 헬레니즘 추종자가 되었다. BC. 168년 안티오쿠스는 안식의 준수와 할례를 금지하고 돼지를 잡아 희생제를 지내도록 명령하여 유대종교의 법령을 무시함으로써 유대인들은 마카비의 반란을 일으켰다.

맛다디아 제사장이 죽자 그의 아들 유다 마카비가 지도력을 발휘하였다. BC. 164년 이방인에게 더럽혀졌던 예루살렘 성전이 회복되고 마카비가문은 급부상하게 되었다.

마카비의 뒤를 이은 요나단은 BC. 152년 셀레우쿠스왕조의 내분을 틈타 스스로 대제사장이 되고 요나단의 뒤를 이은 시몬은 유대인의 대제사장이 되어 총사령관으로써 불리게 되었다.

이로써 이스라엘은 셀레우쿠스의 지배에서 벗어나게 되었으며, 평범한 모디인의 제사장 가족이 제사장직을 차지하니 전통적인 이스라엘 질서가 무너지게 되었다. 이들은 대제사장 직만 차지하는 것이 아니라 왕권까지 노려 하스몬왕조를 형성하였다. 요한 힐카누스·알렉산더 야나이로 이어지는 왕권은 형제간인 아리스토불르스의 2세와 힐카누스 2세의 왕권다툼으로 내리막길을 걷게 된다.

형제의 왕위다툼이 결국 로마 폼페이 장군의 입성을 마련해 주어 겨우 100여년 간의 짧은 유대인 자치는 그만 막을 내리게 된다.

하스몬왕조가 몰락하면서 새로 등장한 세력은 이두메출신의 헤롯이었다. BC. 40년 원로원으로부터 유다의 왕으로 임명받자 그를 반대한 무리들은 처단하고 BC. 37년 예루살렘으로 입성하는데 성공하였다. 그는 차례차례 하스몬 세력을 숙청하고 로마를 등에 업고 강한 정책을 펴기 시작하였다. 지중해연안의 패권을 잡은 헤롯은 로마의 보호 아래 영토를 넓혔고 경제부흥을 꾀했다.

그러나 헤롯이 죽자 왕국은 아켈라오·빌립·안티파스가 나누어 통치하게 되었으나 유대를 맡은 아켈라오가 AD. 6년 로마에 의해 침입되고 유대는 로마의 총독지배를 받게 된다. 헤롯의 손자인 헤롯 아그립바 1세가 통치기간 중(AD 41~44) 총독이 물러가고 자치가 회복되는 듯하더니 점차 반란이 갈릴리 지역으로 확대되어, AD. 70년 로마의 디도장군이 예루살렘 성을 함락하였다. 이로 인해서 유대인들은 자그마치 2000년 동안 나라가 없이 방랑생활을 계속해야 하였다.

성전을 상실한 유대인들은 큰 혼란에 빠졌고 이를 극복하기 위해 율법중심의 세상을 만들었다. 모세가 시내산에서 율법을 받을 때는 구전율법도 받았다고 생각하였기 때문이다. 그러나 그 구전율법이 방대해지자 AD. 220년 랍비 예후디는 이것을 집대성하여 미쉬나를 만들고 성문율법을 보완하기 위하여 랍비들의 해설을 추가, 탈무드를 완성하였다. 티베리아를 중심으로 AD. 4세기 말 예루살렘 탈무드(팔레스타인 탈무드)가 편찬되었고, 그 후 바벨론에서 바벨론 달무스가 탈무드를 편찬하여 명실공히 유대인의 구전율법이 완성되었다.

로마 콘스탄틴황제의 기독교 공인으로 기독교 문화가 꽃을 피우게 되자 로마인들은 유대인들에게 정치적 탄압을 가해왔다. 이미 유대인들은 이스라엘 밖으로 흩어졌지만 국내에 남아있던 유대인들의 삶은 악화되었다. 유럽 기독교인들은 성지 이스라엘을 방문하고 곳곳에 교회 수도원을 세웠는데, 중동지역을 장악한 모하메드 알리의 영향력은 이스라엘까지 영향력을 미치게 되었다. 모슬렘교도는 비잔틴제국을 물리쳤고 이스라엘은 기독교인이 물러가고 모슬렘이 차지하였다. 교회는 파괴되거나 모슬렘으로 바꾸어져 더 이상 기독교인들은 그 땅에서 살 수 없었다. 그러나 이스라엘 밖에 살고 있던 유대인들이 모슬렘을 박해하지 아니했기 때문에 이슬람제국 내에서도 유대의 철학과 문학, 종교를 꽃피울 수 있었다.

성지 이스라엘을 이교도들로부터 해방시켜야 한다는 명목으로 교황 우르반 2세가 십자군을 소집하여 전쟁을 일으키니 많은 유대인과 모슬렘 교도들을 학살하게 되었다. 유럽의 십자군들이 유대인들을 대량 학살하는 가운데 세속적인 야망과 종교적인 힘이 합쳐져 마지막 모슬렘의 최후 거점인 악고가 점령되면서 막을 내렸다.

후에 십자군을 몰아낸 맘룩은 이집트의 모슬렘이었다. 십자군이 세운 많은 건축물과 교회를 파괴하였으며, 남아있던 유대인 공동체를 해체하였다. 1453년 오스만터키가 콘스탄티노풀을 점령하고 이스라엘의 새 주인이 되었다. 이스라엘은 네 개의 지역으로 나뉘어 통치되었는데 슐레이만 대제가 파괴된 성벽을 재건하자 이스라엘 밖에 있던 유대인들이 증가해 갈릴리 사페드를 중심으로 유대교의 신비주의가 활개를 폈다.

AD. 1917년부터 48년까지 영국이 팔레스타인을 점령 유대인들의 국가를 건설할 것을 지지하자 1947년 UN은 이스라엘안을 상정하였다. 이로 인해 19세기 말 시온주의에 자극받은 유대인들이 조직적으로 이스라엘 재건을 꿈꾸고 팔레스타인에 정착하여 불모의 땅을 개간하기 시작하였다. 그러나 오스만터키나 영국 모두가 이를 인정하지 아니하였다. 이미 정착해서 살고 있던 팔레스타인의 아랍인들도 이를 반대하여 제2차 세계대전 때 나치에 의해 600만 명이 학살되었다.

1947년 UN은 팔레스타인을 두 개의 국가로 나누어 독립시킬 것을 결의하였다. 그리하여 48년 5월14일 다비드 벤구리온은 이스라엘의 독립을 선포하고 주변의 아랍국가들과의 전쟁에 돌입하였다. 이것이 역경의 이스라엘 역사이다. 자그마치 3500년 동안 3200번 이상의 전쟁을 치르면서도 자기종족의 가치를 들고 남의 종족과 투쟁하는 이스라엘, 지금은 종교전쟁도 종교전쟁이지만 두뇌(지식)전쟁과 경제(은행)전쟁으로 전세계를 혼란시키고 있다.

티베트에서 찾은 예수의 역사

1890년 봄 러시아 여행가 노토비치는 티베트에 여행 갔다가 지나가던 스님에게 물먹에서 예수님의 잃어버린 세월에 대하여 듣고 숨이 막힐 정도로 달려가 보기를 원했으나 스님들은 보여주지 아니하였다.

"8400개의 고문서, 그 속에 예수의 잃어버린 세월이 있다"니 진실로 궁금하기 그지없었다. 수도 레 근처에서 하룻밤을 자고 다시 헤미스 수도원으로 가서 사정하였으나 끝내 보여주지 않았다.

나중에 안 일이지만 서양사람들이 이 소식만 들으면 그것을 빼앗아 불살라 버리려 하고 특히 기독교인들은 화를 내고 공격하였으므로 스님들은 누구나 함부로 보여주지 않기로 작정하고 있었다.

그런데 그곳에서 하룻밤 자고 떠났던 노토비치가 다시 길을 가다가 낭떠러지에서 떨어져 다리가 부러졌다. 다행히 한 라마승의 도움으로 부상이 회복되는 기간 요양하면서 수도원 원장을 사귀어 자신이 가지고 있던 확대경(保眼鏡)을 보시하였더니 도서관 담당 라마승이 고문서를 가지고 자기 방으로 들어왔다. 거기에는 예수가 인도・페르시아・네팔・아프가니스탄의 여러 나라를 방문했다는 내용이 사실적으로 기록되어 있었다.

"이사가 열세 살이 되자 이스라엘 관습에 따라 결혼해야만 하였다. 그날그날 겨우 먹고 사는 그의 양친에게 이 영리한 아들을 사위로 맞으려고 귀족 부자들이 찾아왔다. 이사는 몰래 집을 나가 예루살렘을 버리고 동으로 가는 상인들을 따라 인도로 갔다. 그는 많은 것을 배우고 싶은 의욕에 불탔으며, 특히 붓다의 가르침이 그의 가슴을 벅차게 했기 때문이다."

이 고문서에 의하면 예수는 요즈음말로 하면 실크로드의 하위에이를 달리게 되었다는 말이다. '이사'란 인도에 와서 얻은 스님 이름이다.

한편 아버지 요셉은 예수가 서출 또는 사생아에 대한 논쟁에서 해방되는 것 같아 차라리 속이 시원했고, 예수는 새로운 학문에 대한 부푼 꿈 때문에 즐거웠다. 사실 생각하면 자신의 나라를 지배하고 있는 로마나 그리스·이집트·알렉산드리아도 좋지만 가정 형편도 넉넉지 않는데 마침 거상(巨商) 왕족인 자나빈나를 따라가면 무엇인가 서양에서 배우는 것보다도 더 풍부한 지식을 얻을 것같이 생각되었다.

먼저 예루살렘에서 출발하여 북쪽으로 다마스커스·니시비스를 지나 다시 남쪽으로 바빌론·티그리스강과 유프라테스강의 합류지점인 칼데아왕국의 카락스로 가서 한동안 쉬었다가 페르시아만을 끼고 동남쪽으로 페르시스 호르무르를 거쳐 약 16000km를 걸어 마침내 신드에 도착하였다.

신드는 인더스강과 젤룸강이 합류하여 아라비아해로 들어가는 지점이었다. 예수는 여기서 베다성전과 마누법전 자이나

교·불교를 배운 뒤 티베트로 가서 삐자파티와 멩그스테를 만나 고문서와 신통술을 배우고 쵸타 라호르(현 파키스탄 스와비)에 이르러 영적 능력을 가진 마니트에게 여러 가지 비법을 배운다. 그리고 라다크 레에 이르러 죽은 아이를 치료하고 북측 실크로드를 따라 페르시아를 거쳐 서기 22년에 이스라엘에 다시 도착한다. 14세 소년이 십수 년간 순례하고 수행하며 여러 선지식들을 만나고 나니 성숙된 청년이 되어 왔다. 죽을 고비를 몇 번이나 겪으면서 살아온 것을 생각하니 명도 길었다.

바라문 교인들 앞에서 사성계급이 부당(不當)하다고 말하니 그대로 죽여 버리려 하였는데, 다행히 불교도에 의해서 기사회생하였고, 또 돌아오는 길에 실크로드를 따라 페르시아에 갔을 때는 조로아스터교 사제들이 야수들 틈에 던져 꼭 죽게 되었다가 다시 살아나기도 하였으니 말이다. 돌이켜 보면 인생의 길은 길고도 먼 여행이었다. 부처님께서 빈두설경에 말했다.

"어떤 행인이 길을 가다가 갑자기 술 취한 코끼리를 만나 도망쳤다. 옛 우물터를 보고 등나무 넝쿨을 붙들고 들어가니 밑에는 허리가 반쯤 묻혀있는 구렁이가 혀를 널름거리고 있고, 네 귀퉁이에서는 독사 네 마리가 혀를 널름거리고 있었다. 위로 올라가려 하니 벌써 술 취한 코끼리가 등나무 뿌리 옆에 와 앉아 있었으며, 벌들이 집을 짓느라 날았다 앉았다 하면서 꿀방울 하나를 떨어뜨려 그것이 혀에 닿으니 코끼리도 독사도 구렁이도 모두 다 잊어버리고 어떻게 하면 그 꿀 한 방울을 더 얻어먹을까 생각하며 나무를 흔드니 벌들이 와서 쏘았다. 체념한 행인은 그저 그 코끼리가 자리를 비키기만을 고대하고 있었는데 어디서인가 딸그락딸그락 소리가 나서 쳐다보니 흰 쥐와 검정 쥐 두 마리가 서로 번갈아 가며 자기가 붙들고 있는 등나무 넝쿨을 쏠고 있었다. 넋을 잃고 바라보니 갑자기 난데없는 불이 나 태울 만한 모든 것을 다 태워버렸다."

〈빈두설경〉

이것을 빈비사라 임금님께 마지막 설한 경전이라 하여 불교에서는 빈두설경(賓頭說經), 등나무 넝쿨에 매달렸다 하여 안수정등(岸樹井藤), 흰쥐와 검정쥐의 비유라 하여 흑백이서유(黑白二鼠喩)라고도 부른다.

어떤 행인은 정처 없이 길을 가고 있는 우리의 인생이고, 술 취한 코끼리는 세월이며, 옛 우물은 생사의 구렁이다. 등나무 넝쿨은 명줄이고, 구렁이는 탐욕, 네 마리 독사는 4대육신, 벌은 사사(邪思), 꿀방울은 5욕락, 흰 쥐와 검정 쥐는 해와 달, 낮과 밤, 난데없는 불은 노병사(老病死)의 불이다. 깊이를 알 수 없는 멀고 먼 바다를 바라보면 시시각각으로 몰려오는 죽음의 파도가 끝없이 휘몰아치고 있지만 사람들은 그 속에서 파도타기를 하면서 하늘에서 떨어지는 꿀방울을 희망하고 있다. 아, 무서운 인생. 인생은 그 속에서도 생존경쟁을 하고, 약육강식을 하며 승패를 나누고 온갖 분열을 일으킨다.

그런데 티베트에 있는 이사전이 어떻게 세상에 알려지게 되었는가에 대하여 보다 구체적인 기사가 있으니 다시 한 번 읽어보기로 하자.

이사전 이야기

이사전은 예수의 잃어버린 세월을 기록한 책이다. 1887년 러시아의 언론인 니콜라스 노토비치가 티베트 지방을 여행하다가 한 라마교 스님으로부터 예수님의 이야기를 듣고 라닥크의 수도 레에 이르러 불교 7대사원의 하나인 하이미트절에서 그 기록을 본데서 시작된다.

언어는 티베트 말로 기록되어 있었는데, 종이는 양피지(羊皮紙)였다. 제목은 "성 이사의 일대기"였는데, 13세에 상인들을 따라 29세까지 인도·네팔·티베트 등지를 다니면서 승려 생활을 한 내용이었다.

노토비치는 이 책을 불어판으로 번역하여 "알려지지 않은 예수의 생애"라 이름 붙였다. 이 소식을 듣고 철학자 스와미 아베다 난다와 러시아 과학자 니콜라스 로미리치 교수, 스위스 음대 카스피리 교수 등 10여 명이 인도와 티베트를 방문하여 이를 확인하였고, 미국의 엘리자베드 프로펠 교수는 "예수의 잃어버린 세월"이란 책을 내어 전세계 베스트셀러가 되기도 하였다. 한국에서는 이것을 동국출판사에서 번역하여 발간한 바 있다.

이사전은 총 14장 244절까지 기록되어 있는데, 제4장 10절로부터 8장까지가 타지방에서 공부한 내력이 기록되어 있다.

그 내용을 간추리면 다음과 같다.

"이사(예수)가 13세가 되어 아내를 맞아야 할 즈음 단순한 손일로 생계를 유지하고 있었는데, 부자와 귀족들이 다니며 이사를 사위로 삼으려 하였다. 그런데 그 때 이사는 은밀히 아버지 집을 나와 예루살렘을 떠나는 상인들 틈에 끼어 신드로 향하였다. 이는 대 붓다의 법을 연구하기 위해서였다.

이사께서 오릿사주 주거나우에 가 비앗사 크리슈나 시신이 안치된 곳에서 백인 브라만 사제들에게 극진한 환대를 받으며 베다를 배우고 기도로써 병 치료하는 법을 익힌 뒤 주거나우와 라자그리하 베나레스 등을 순례하면서 바이샤와 수드라들에게 경전을 가르쳤다.

그 뒤 예수는 카시미를 거쳐 라다크주 수도인 레에서 빨리어·산스크리트어를 배우고 티베트에 들어가서 밀교계 고승 멩그스테에게서 심령치료법과 초능력 비법을 배우고 페르시아를 거쳐 이스라엘로 갔다."

노토비치는 이 책을 출판하기 전에 키에프 대주교 플라톤 신부와 파리의 토텔리 주교에게 의논하니 "아직 시기상조이니 내지 말아 달라" 부탁하였다.

사실 교황청에서는 1328년 포르데논의 오도릭 신부가 최초로 인도를 다녀오고 3세기 후에는 예수회 안토니오 안드라다가 다녀왔으며, 1661년에는 그루에베와 도르빌신부가 다녀와 바티칸도서관에 63개의 사본이 있다고 하였다.

노토비치는 이 책을 내고 기독교인들로부터 항의와 박해를 받았으며, 뉴욕타임지 등 유명한 신문들이 옥스퍼드대학 막스 뮬러 교수의 학설과 아치발트 더글러스 교수의 글을 이용해 이사전이 허무맹랑한 소리라고 몰아붙여 노토비치는 고사본 자료를 프랑스 정부에 넘겨주고 은둔하였다.

그런데 한국에서는 프랑스 대통령으로부터 문화훈장을 받은 한양대 민희식 교수가 1986년 프랑스 박물관에서 이 자료를 수집하여 "예수는 불교의 승려였다" 공식 발표하고 신학대학에까지 가서 강의하였다.

이로 인해 예수가 40일간 단식한 사실(누가 4 : 1)이나
12대 제자를 이스라엘 전역으로 보낸 것(마태 10 : 1)
베드로가 물위로 걸어간 일(마태 14 : 25)
예수가 다섯 개의 떡과 두 마리의 물고기로 500명을 먹이고 남아서 버리고(마태 14 : 17)
과부의 한 냥 헌금(누가 21 : 1장)과
소경의 인도로 물에 빠진 일(누가 6장) 등 많은 구절이 불경에서 인용된 것을 알았다.

왜냐하면 40일 단식하여 악령을 물리친 것이나(상응부) 12대 제자를 모든 계급 사람들에게 파견한 일(아함경), 불제자가 물 위에 걸어간 것(본생경 무쌍품), 한 개의 떡으로 500명을 먹인 일(잡보장경), 사기꾼의 인도로 제7천에 빠진 일(무문자설경) 등이 모두 불경과 똑같았기 때문이다.

이 외에도 아시타 선인이 천사를 목격한 일이나(본생경, 누가 2장), 열반(하나님)과 재물은 동시에 구할 수 없다는 말씀

(무문자설경, 누가 16장), 장자궁아와 탕자의 이야기(법화경 신해품, 누가 15 : 11), 산상수훈과 법구경, 미륵보살의 탄생설화와 예수님의 탄생설화가 모두 근사치가 있었기 때문이다.

이것은 뒤에 조작한 사람들이 예수님의 역사로 기록한 것으로 사료되기 때문에 문제시 할 것은 없다. 더군다나 예수가 부처님 제자인 것이 틀림없다면 새삼스럽게 문제 삼을 것도 없다.

그러므로 독일의 신학자 홀거 카르스텐은 "신약에서 불교를 빼버리면 바리새인들과의 갈등 몇 가지 우화와 단편적인 설화만 남는다" 하고, 또 어떤 이는 "이사(Issa)라는 이름은 구약 이사야서의 예언을 실현한 성자의 이름이 아닌가" 의심하였는데, 이름이란 어느 곳에 붙여도 시간과 공간에 똑같이 적용될 수 있기 때문에 그런 것을 가지고 왈가왈부할 것은 없다.

인도에서 배운 베다사상과 마누법전

베다(Veda ; 吠陀)는 고대인도 바라문교의 근본정신이다. 원래 지식을 의미하는 말로 특히 종교제식에 관한 지식을 말하며, 신성한 지식의 보고로써 바라문교의 기본 문헌을 총칭한다. 거의 BC. 2000년부터 500년 사이에 형성된 것으로 추정되며, 서북인도에 침입한 아리아인들이 인더스강 유역 판자브(五河) 지방에 정착하여 만들어낸 것으로 추정한다.

베다의 종류에는 첫째 리그베다(Rg-veda), 둘째 사마베다(Sāma-veda), 셋째 야지르베다(Yajur-veda), 넷째 아타르바베다(Atharva-veda) 네 가지가 있다.

첫째 리그베다는 천지·자연·신을 찬미하는 노래, BC. 1500~1200년 사이에 형성된 것으로 추정하며, 고대 종교·문명·풍속·습관 등을 이해하는데 귀중한 자료가 된다. 모두 1017편 1028수로 10권에 나누어져 있다.

"태초에는 무(無)도 없고 유(有)도 없었다.
공계(空界)도 없었고 그것을 덮을 천계(天界)도 없었다.
무엇인가가 물질에서, 어디선가가 그의 발 아래
깊고 헤아릴 수 없는 물이 있었던가."

혼인・장례・역사・유머・교훈・격언・철학 등 세속적인 시가로 나누어 공부하여 바라문교의 근본성전으로 이해한다.

둘째 사마베다는 하늘과 달에 소마공(蘇摩供) 올리는 것을 주안으로 하고, 가송(歌頌) 작법 2부로 형성되어 있다.

"그땐 죽음도 없었고 죽지 않음도 없었다.
밤과 낮의 표시도 없었는데
저 유일한 것은 자기 힘으로 숨을 쉬었다.
이것 이외에 또 무엇이 있었던가!"

이렇게 1810장이 있는데, 이들이 주로 외우는 것은 80송이 중심이다. 나머지는 리그베다와 중복되기 때문이다.

셋째 야지르베다는 축문이다.

"우러러 아뢰옵나이다. 시방삼세에 항상 계신 모든 신들께
비바람은 고루 내려 백성들은 안락하고
천하가 태평하여
진리의 수레바퀴가 항상 구르게 하옵소서."

어쩌면 지금 불교 스님들이 불공드린 뒤에 축원하는 것과 같다.

넷째 아타르바베다는 제사를 지낼 때 외우는 주문을 말한다.

"태초에 암흑이 암흑에 싸여 있었다.
우주의 모든 빛은 바다와 같았다.
공허에 쌓여 나타나면
유일자는 열의 힘을 출생한다."

어쩌면 구약성서의 태초의 상황과 비슷하였지만 여러 신을 낱낱이 찬양하고 천지신명을 함께 신앙하는 것은 같지 않았다.

그리고 찬가를 부를 때 권청관이 홑소리를 하면 제관이 운율에 맞추어 짓소리를 하고, 집행관이 낮은 목소리로 점잖게 축원하면 기도승(브라흐만)들이 합송으로 주문을 외웠는데, 이것은 마치 사제들이 제관들을 데리고 주악하는 것과 같았다. 동서가 비록 다르기는 하지만 한 가지 하늘을 믿고 있는 것은 같았으며, 신들을 초청하여 제단에 모시고 그들을 찬양하고 공물을 바친 뒤 은혜를 비는 것은 꼭 같았다.

바라문들의 외우는 소리를 들으니 신들도 다양하였다.
태양신 스르야·사위트리·푸샨,
새벽의 밝은 태양 우샤스,
우레의 신 인드라,
비의 신 퓨라자니아,
바람의 신 바유,
폭풍의 신 루드라,
불의 신 아그니,
물의 신 아피스,
관념적인 슈랏다·아이티·바쥬,

술의 신 소마,
우레의 신 인드라.
정의의 신, 악마, 천적을 물리쳐 주는 악마 마군 등 수없는 신을 낱낱이 일컬으며 자신들의 다양한 희망을 빌었다.

올리는 제물은 양·돼지·소·개 등 가축들이 대부분이었고, 재공자가 가지고 오면 삭발승이 날카로운 칼로 희생물의 목을 쳐 거기서 흐르는 피를 신상에 뿌리고 머리는 기도주가 가지고 몸통은 기도하러 온 사람이 가졌다.
이스라엘 사람들은 죽은 고기를 태워 연기로써 하늘에 기도드렸는데, 여기서는 생피로써 기도드리고, 그 기도드린 고기들은 양편이 나누어 먹었다.

그리고 마누법전은 이 세상이 처음 만들어지게 된 동기부터 4성계급이 만들어지는 과정을 설명하고 위아래 사람들의 권리와 의무를 질서있게 정리하였다.

"태초에 하느님이 그의 머리에서 바라문을 나오게 하고, 왕족들은 오른쪽 옆구리로 탄생시키고, 평민들은 배로 태어나게 한 뒤 심부름하는 노예들은 발뒤꿈치로 태어나게 하였다. 그러므로 바라문은 왕족과 평민·노예를 다스리고, 왕족은 바라문을 섬기며 평민과 노예를 다스리고, 평민은 위로 바라문과 왕족을 섬기며 노예들을 다스리는데 노예들은 오직 바라문과 왕족 평민들의 말을 들어야 했다."

〈마누법전〉

어쩌면 이것은 직업의 분화(分化)를 위한 사회구조인 것 같았으나 노예들은 호적도 없어 사람으로 대접을 받지 못하고 살았다. 그래서 불가촉천민들이 양반들의 몸을 부딪치면 손발을 잘라 버렸고, 베다경전을 보면 눈을 파버리는 책벌을 하여도 누구 하나 항의해 줄 사람이 없었다.

예수도 이들의 삶을 보고 항의하였다가 죽을 뻔하였으며, 그래서 베나레스 등으로 피신하여 불승(佛僧)들이 사는 곳으로 전전하다가 마침내 불교의 승려가 됨으로써 자유롭게 인도 여행을 마칠 수 있었다.

무소유의 쟈이나교와 삼림철학(森林哲學)

베다의 순서는 리그베다로부터 사마베다 야쥬르베다 순서로 본집이 편집되고, 뒤에 아타르베다가 나타나는데 이것을 전문적으로 외우는 사람들이 사제자(司祭者)가 되었다.

신앙을 희망하는 사람들이 많아지고 제사지내는 사람들이 불어나자 전문적인 도제양성이 필요하여 야무나강과 갠지스강 사이에 있는 도아브(Doab)에서 BC 1천년 전부터 교육하고 있었다.

베다에서 시작된 공의(供儀)의식은 밑으로 내려갈 때마다 크게 번성하여 복잡하고 세밀한 규칙이 정해지면서 다른 사람들은 따라 할 수 없을 정도로 전문지식화 되었다. 그래서 그 전문인들이 인도 사회의 지식 계급으로 나타나 카스트제도가 본격적으로 만들어졌다. 따라서 신의 권위는 상당히 약해져 가고 그들의 의식이 인간의 행・불행을 좌우하게 되었으므로 그 권위는 막강하였다. 마치 이것은 여호와를 섬기는 사제가 유태나라의 왕권을 좌지우지 하는 것과 같았다.

실로 이들은 세상의 제물을 영적으로 지배하는 하느님, 즉 범(梵)이라 보고 그들 신의 믿음이 곧 우리 인간의 몸속에 내재한 아(我 ; Ātman)라고 보았다. 그래서 샨딜리야에 이르러서는 신과 내가 둘이 아니라는 범아일여설(梵我一如說)이 나타나게 되었다. 이것을 전문적으로 수행하는 단체가 우파니샤드 철학이었다.

"자세히 관찰하라.
그대들 호흡 속에 하느님의 기운이 들어 있다.
만일 거기서 절대자를 만나면 동일한 성품을 직관하여
자유롭고 영원한 이상세계에 도달할 것이다."
〈우파니샤드〉

그런데 그 내가 바로 브라흐만이고 아트만이며, 푸루샤·프라나·이사·사트·아사트·아사샤라고 하였다. 이것이 애굽 종교와 크게 다른 점이다. 애굽에서는 누구도 하느님과 동일체가 될 수 없다고 하는데, 인도 사람들은 누구나 하느님이 될 수 있다고 보았다.

그러니까 브라흐만은 객관신으로서의 절대자이고, 아트만과 푸루샤는 인간성의 주관자이다. 서로 다른 원리가 신비 속에서 동질이 된 것이다. 특히 푸루샤는 주체성을 표시하는 신으로 대자재(大自在)라 불렀으며, 장차는 이것이 삼위일체(三位一體)가 되어 체·상·용(體·相·用)으로 작용하게 된다.

사실 삼위일체의 철학은 여기서 처음 비롯된 것이 아니고, 이집트의 태양신화에서부터 뿌리가 내린다.[1]

---

[1] 태양 그 자체는 체(體)이고, 밖으로 비치는 빛은 상(相)이며, 그것이 만물에 이르러 만 가지 작용을 일으키는 것은 용(用)이다. 불교의 청정법신 비로자나불과 원만보신 노사나불, 천백억화신 석가모니불도 여기서 연유된 것이다.

이 외에도 인도에는
① 도덕부정론자 푸라나 카싸파(purana-kassapa ; 富蘭那迦葉)이 있었고,
② 철저한 운명론자 막칼리 고살라(Makkhali-Gosale ; 末迦梨瞿舍利)
③ 순수유물론자인 아지타 케사캄발라(Ajta-kesa-kambala ; 阿夷多趣舍劒波羅)
④ 요소론자 파쿠다 카짜야나(Pakudha-kaccayana ; 婆浮産 進指延)
⑤ 형이상학자 산쟈야 벨라티푸따(Sanjaya-Belattiputta ; 散雀吏 毘羅梨沸咤)
⑥ 베다의 권위와 바라문교의 제사를 부정하고 절대무소유 생활을 하는 니간타나 타푸타(Nigantha Nataputta ; 尼乾咤若提子)가 있었다.

이들을 간단히 다시 정리해 보면 니간타나 타푸타를 제외하고는 모든 것은 신의 뜻을 따라 산다고 하는 천명론자(天命論者)와 전생의 업에 의하여 산다고 하는 운명론자(運命論者), 그리고 물질 속에 저절로 이루어져 산다고 하는 자연론자(自然論者)로 대별할 수 있었다.

그런데 나타푸타의 사상은 석가모니 부처님의 불교와 같으면서도 극단적인 무소유 정신으로 몸에 옷도 걸치지 않고 나체로 사는 것이 달랐다.

마하비라 이전에도 23명의 조사가 있는데, 맨끝 파르슈바가 실재적인 인물이고 마하비라는 그의 낡은 사상을 혁신한 혁신론자라고 하였다.

제1편 잃어버린 예수의 역사 65

"우주의 성립요소는 영혼과 비영혼으로 구분하는데, 영혼은 다르마(운동의 조건)·아다르마(靜止조건)·허공·물질 네 가지로 되고, 여기에 영혼이 합쳐졌으니 모두 5원소라 부른다. 물질은 원자로 되어 있고 하강성이 있으며, 반대로 영혼은 상승성이 있어 일체를 아는 능력(一切知)이 있지만 물질이 업력에 의하여 업신(業身)을 이루어 영혼을 속박하므로 고통과 윤회가 형성된다. 그러므로 이 윤회에서 벗어나려면 불살생·불망어·불투도·불사음·무소유의 생활을 하여야 한다고 주장하였다.

그런데 세속적인 생활은 이 같은 생활이 거의 불가능하므로 출가하여 유루(有漏)를 막고 업을 헐어버리고 영혼의 본성을 발현(發顯)시켜 해탈을 얻어야 한다고 하였다. 이 종교야말로 예수가 인도에서 본 여러 종교 가운데서도 가장 과학적·철학적·논리적 종교였다.

삼림철학은 이 같은 사상을 바탕으로 한 사람들이 깊은 산 숲속에 들어가 다시 세상에 물들지 않고 열심히 정진하여 최고의 인격을 형성하는 것이 있는데 진실로 인도에는 이 같은 수행자가 온 산천 동굴에 널려 있어 가히 수행자의 천국이라 하여도 과언이 아니었다.

극단적인 고행주의자 극단적인 향락주의자가 냉탕과 열탕을 오가며 중간에서 타락한 사람들, 그러나 그 중간에서 타락한 사람들보다는 산속에서 공부하다가 짐승들의 밥이 되고 초목들의 거름이 된 사람들이 더 많았다. 사람은 살기 위해서 산다고 하지만 어찌 보면 당시 수행자들은 죽기 위해서, 열반을 증득하기 위해서 사는 것과 같았다. 몇날 며칠씩 밥을 굶고 몸에는 실오라기 하나 걸치지 아니하여도 부끄러운 생각이 전혀 없었으며 마치 천진난만한 동자들처럼 서로 쳐다보고 장난치며 웃게 되었는데, 그런 가운데서도 선후배의 질서가 철저했으며, 사회에 털끝만큼도 피해를 주는 일이 없었다. 중동지방에서 일찍이 눈만 감으면 코도 베어가고 눈 깜빡할 사이에 일이 저질러지는 것하고는 하늘과 땅의 차이가 있었다. 인도는 과연 수행자의 천국이었다.

바로 보고 바로 사는 부처님의 가르침

　부처님의 가르침은 특별한 것이 없었다. 중생의 근기를 따라 하신 말씀은 다소 다른 점이 있으나 인생의 운명은 하늘이 만들어 준 것도 아니고 땅이 형성한 것도 아니며 스스로 지어 스스로 받는 것이기 때문에 지·수·화·풍 4대로 만들어진 이 몸뚱이를 바로 보고 바로 살라고 하였다.
　이 몸은 지·수·화·풍 4대로 만들어진 색신에 눈·귀·코·혀·몸 다섯 가지 기관이 뻗어 거기서 빛·소리·냄새·맛·감촉을 통해서 감수작용(受)·상상작용(想)·의지작용(行)·분별작용(識)을 하고 있으니 이것이 바르면 그 삶도 바르고 이것이 그르면 이 삶도 그르게 된다는 것이었다.
　이 세상 모든 것은 인과(因果)·인연(因緣) 속에서 주고 받고 사는 것이 기본인데 주고받는 것이 잘못되면 부정업(不正業)이 이루어져 부정과(不正果)를 받게 되므로 고통이 온다는 것이다.
　그러나 그 인과 인연은 마음 따라 이루어지므로 마음이 바르면 인과도 바르고 인연도 발라 장차로 받고 줄 것도 없는 지혜의 세계에 돌입하게 된다는 것이다.
　인과 인연은 시간과 공간속에 이루어지므로 시시각각 변해간다. 시시각각 변해가므로 만나고 헤어지는 것이 각기 달라나, 내것이라는 것을 내세울 수 없으므로 족보·이력·선행·아만을 고집하여 거만하지 말고 중생과 세계를 위해서 그렇게 살면 누구나 위없는 깨달음을 얻어 후회 없는 삶을 하게 된다는 것이었다.

인과 인연의 세계에는 생도 있고 멸도 있으며, 불어나고 줄어드는 것도 있으며, 더럽고 깨끗한 것도 있으나 본마음속에는 생도 없고 멸도 없고 줄어들고 불어나는 것도 없고, 깨끗하고 더러운 것도 없으니 나고 싶으면 나고 죽고 싶으면 죽고 부자 되고 싶으면 불어나게 마음을 쓰고 가난해지고 싶으면 줄어들게 마음을 쓰고, 더럽고 깨끗한 것도 마찬가지로 그렇게 하면 더럽고 깨끗한 것에 걸림 없이 살게 된다는 것이었다.

불교에서는 하늘님도 말하지 않고 땅님도 말하지 않으며 전생의 업과 운명에 대해서도 논하지 않고 자연론 결정론 하는 모든 분별 시비가 한 생각에서 만들어진다고 생각하기 때문에 일체가 유심조(一切唯心造)이고 만법이 유식(萬法唯識)이다 하였다.

마하비라의 학설은 무신론이 중심이고 업과 영혼이 실체를 이루고 있는데, 부처님은 업도 마음이요 혼도 마음이라 하여 어느 누구도 핑계하고 의존하는 것이 없었다. 빈 하늘에 밝은 달, 태양처럼 밝은 마음으로 세상으로 비추어보면 옳고 그르고 좋고 나쁜 것이 한꺼번에 거울 속에 나타나듯 하기 때문에 해야 할 것인지 해서는 안 될 것인지는 각자 자기가 알아서 해야 한다고 하였다.

살생에 대해서도 마하비라는 모기·파리를 죽이지 않는 것을 중심으로 하고 있었는데, 불교에서는 자살하지 않는 것을 기본으로 가르치고 있었으며, 도둑질도 남의 물건을 훔치는 것을 기본으로 하는 것이 아니라 내 부모, 내 형제 것도 주지 않는 것은 가지지 않을 것을 기본으로 하고 있었다. 불간음에 대해서도 열 사람을 데리고 살아도 속임 없이 공인 가운데서 살되 거기서 난 자식이나 배우자들에게 평등한 마음으로 사랑하면 숫자에 구애될 것이 없으나 처음부터 거기에 자신이 없으면 단 한 명도 거느리고 살 자격이 없다 하였다. 일부일처제나 일부다처제나 거짓 없이 사는 것이 이 세상을 가장 바르게 잘 사는 것이니 누구를 원망하고 저주할 것이 없다고 하였다.

실로 부처님의 가르침은 일혹(一惑)의 그림자도 없었다. 그러나 중동지방 같은 데서는 그렇게 살았다가는 코도 베어가고 귀도 떼어가고 눈도 파가는 세상이기 때문에 엄격한 율법에 의해서 제재하지 아니하면 안 되었다는 것을 새삼스럽게 깨닫게 되었다.

예수는 그날로부터 베나레스에 나아가 우카도르라는 의사에게 의학을 배우고, 녹야원 등지에 다니며 봉사활동을 하였다. 사람들은 "네 마음을 네가 알아서 해라" 하는 것보다는 "좋은 일하면 즐거운 과보를 받고 나쁜 일을 하면 고통의 과보를 받는다"는 인과를 더욱 깊이 믿었고, "전생에 좋은 일 많이 한 사람이 부귀 공명하게 잘 산다고 믿고 있었기 때문에 일심법문보다는 인과 인연에 의하여 중생들을 보살폈다.

실로 인도에는 눈·귀·코·혀·몸을 보시하는 사람도 많았고, 심지어는 뇌수술을 하고 간·신장을 이식을 하여도 대가를 바라지 않고 통째로 보시하는 사람이 많아 상식으로는 생각할 수 없는 일들이 많았다. 좋은 사람을 만나 좋은 일을 겪게 되면 처자 권속도 보시해 버리고 집도 전답도 소도 말도 주어 아까운 것이 없었다. 솔로몬 왕의 재판 이야기라든지 삼손과 들릴라 이야기 같은 것은 수천 수백개가 떠돌고 있었다.

"어떤 여자가 한 남편을 모시며 아기 하나를 데리고 와서 서로 '내 아기다' 하며 판결을 요청하였다. 솔로몬 왕은 무사에게 칼을 가지고 와 '이 아이를 반으로 나누어 한 쪽씩 주라' 하니, 본래 어머니가 아이를 죽이기보다는 살리는 것이 낫겠으므로 친어머니가 아닌 사람에게 가져가라 하니 왕이 그것을 보고 친어머니는 이 사람이니 아이를 이 여인에게 주라 하여 명판결을 하였다고 성서에 기록되어 있다."

그런데 인도에서는 한 임금님이 금을 그어놓고 양쪽에서 팔을 당겨 많이 끌려가는 쪽으로 아이를 주라 하여 결국 아이의 울음소리를 듣고 팔을 잡아당기지 않은 어머니께 아이를 주었다고 하였다. 같은 재판을 해도 서양에서는 두 사람 다 쓸모없는 아이를 가지게 재판하였는데, 여기서는 생명의 존엄성을 살려 참사랑이 있는 자에게 아이를 주어 승리하게 하는 것을 보니 진실로 동양인의 사랑이 서양에 비해 얼마나 위대하다는 것을 재삼 느끼게 되었다.

부처님은 마하비라와 같이 똑같이 탁발을 하여도 밥을 얻지 못한 제자들과 일반 거지들에게까지도 똑같이 나누어 먹었는데, 다른 종교인들은 출가자와 재가자를 엄격히 구분하여 감히 근접하지 못하게 하였다. 특히 희생재를 지내지 않고 방생하는 원리를 일깨워주신 부처님의 정신은 장차 기독교에서 성령으로 세례하고 연보로써 봉헌하는 의식이 싹트는 기초를 형성하였다.

  이러한 교육은 대부분 성자 삐자파티에게서 받았다.

불자 의사 우도라카

　우도라카는 그냥 쳐다만 보아도 훌륭한 의사였다. 몸 전체가 자비의 화신으로 불쌍한 사람을 보면 곧 자기 몸이 그렇게 된 듯 공감을 가지고 사랑했으며, 어여쁜 사람을 보면 더욱 어여삐 여겨 사랑하였다.
　그는 사람이 오면 먼저 그 모습을 색깔로 살피고(視珍), 소리를 듣고(聞珍), 물었으며(問珍), 머리카락을 보고 그 병든 시기를 알아냈다. 병을 오랫동안 앓은 사람은 머리카락이 바스라지고 윤기가 없기 때문이다. 아무리 사나운 사람도 그의 앞에 오면 유순해지고, 날뛰는 사람도 조용해졌다.
　그는 모든 병을 자연재해에서 오는 것 이외에는 의·식·주(衣·食·住)의 습성에서 살폈다. 옷을 과다하게 벗고 산다든지, 음식을 지나치게 먹는다든지, 때 없이 잠을 잔다든지, 아니면 자야할 사람이 잠을 자지 않고, 먹어야 할 사람이 먹지 않고, 깊은 사색 속에서 고민하다 병이 났으면 먹는 것과 자는 것 생각을 잠재워 저절로 그 병을 낫게 하였다.
　특이 인도 사람은 말라리아와 같은 풍토병을 많이 앓고 있었는데, 어떤 벌레가 물어도 독을 함부로 발산하지 않는 약을 썼으며, 시원한 요양소에 들어가 소독하고 2,3일만 지나면 곧 말짱해졌으며, 귀신 든 병도 그 업식을 청정히 해주면 즉시

나았다.

　수술을 해야 할 병은 수술을 하고, 침을 놓아야 할 병은 침을 놓고, 뜸을 떠야 할 병은 뜸을 뜨되 가능하면 자연치료법을 써서 손을 대지 않고도 저절로 낫게 하는 원칙을 지켰다.

　인도는 인구가 많고 날씨가 덥기 때문에 특히 물에서 오는 풍토병이 많았는데, 좋은 물을 가지고 씻기고 마시고 닦아주면 금방 환자의 눈동자가 살아났고, 또 이미 병의 진도가 깊어져 손을 쓸래야 쓸 수 없는 처지에 놓이면 조용히 열반에 드는 법을 가르쳐 주어 종교적인 방법으로 회향할 수 있게 하였다. 사바세계 중생들에겐 노·병·사(老·病·死)의 마장이 있는데, 이를 억지로 거역하지 않고 늙은 사람은 잘 늙도록 하고, 병든 사람에게 병을 거슬리지 않도록 했으며, 죽는 사람에겐 죽음을 잘 받아들이도록 가르쳤다.

　하루에도 수백명 수천명씩 환자들이 몰려오고 또 그 병을 간호하는 사람들이 오면 우선 질서부터 지키도록 하고, 술이나 마약·담배 같은 것을 함부로 사용하지 못하게 하고, 간호하는 사람들에게 자비심을 잃지 않게 하였다. 환자는 병 때문에 도리어 짜증을 잘 내고 화를 잘 내기 때문이다. 손이 가면 즉시 건강이 돌아오는 것 같이(着手回春) 사람의 마음을 돌려 놓았으며, 귀신들린 사람은 저절로 정신이 멀쩡하게 살아났다. 스스로 주문을 외우게 한다든지 청량한 물에 향료를 타서 먹인다든지, 때로는 달래고 때로는 꾸짖는 말을 하여 그 몸에 얽힌 영혼이 저절로 해탈하게 하는 방법을 썼다.

　왜냐하면 모든 병균도 보(報)를 갚느라 괴롭고 업을 받느라 괴롭기 때문에 피차 업보를 풀고 가벼운 마음으로 돌아가게 하였기 때문이다. 조상에게는 조상의 업을 벗겨주고, 원수에게는 원수의 과보를 벗겨주고, 은혜로운 사람에겐 은혜마저 잊게 하여 그 몸을 날아갈 듯 가볍게 해주었다. 의사의 말 한 마디는 보통사람의 열 배 스무 배 효과가 났다.

이렇게 우도라카는 4대색신의 병이든지 5온 식성(識性)의 병이든지 정신과 육체 양면에서 잃어버린 조화를 계(戒)로써 찾도록 하였다.
죽이는 마음, 훔치는 마음, 간음하고 사음하는 마음, 거짓되고 숨기는 마음을 잘 풀어주어 사랑이 넘치게 하고, 가난이 없게 하고, 거짓 없이 양심을 지키게 하고, 술·마약 등 육체와 정신을 흐리게 하는 것을 함부로 복용하지 않게 하고, 항상 기분 좋게 하여 몸과 마음으로 진·선·미(眞·善·美)를 실천하게 하였다. 죽어가는 것을 살려주고 빼앗기를 좋아하는 사람들에게 정신적이건 물질적이건 베푸는 마음을 가지게 하고, 부정한 마음으로 이성을 갈구하는 사람에게 떳떳하게 사랑을 취하도록 권했으며, 탐욕·진에·우치로써 살아가는 모든 환자들에게 무욕·자비·지혜가 나타나도록 사랑의 물을 부었다. 예수님은 몸과 마음으로 헤아릴 수 없이 부드러운 우도라카의 마음과 행동에서 이 세상의 모든 병이 저절로 나아가는 것을 보았으며, 하나님의 사랑이 한 마음 속에서 이루어지는 것을 보았다.

한 생각 탐욕하면 아귀가 되고
한 생각 성내면 지옥이 되고

한 생각 어리석으면 축생이 되고
한 생각 투쟁하면 아수라가 되고
한 생각 정직하면 인간이 되고
한 생각 착하면 천상인이 되고
한 생각 깨달으면 부처가 된다는 것을 철저하게 깨달았다.

아직 자신의 경지가 그렇게 되지 못하는 것을 제3의 원리에 몸과 마음을 맡기고 의지하기 때문이라는 것도 깨달았으나 그래도 어려서부터 습관이 잘못 들어 있어서 그러는지 어려운 일만 당하면 "어머니, 아버지" 보다는 "하나님" 먼저 튀어나왔다. 습관이란 진실로 무서운 것이었다.

인도의 많은 사람들이 습관 즉 업(業)병에 걸려 있었고, 관념병에 꽉 차 있었다. 더군다나 언어와 풍습이 서로 다른 민족이 수백종 살다보니까 대인적면증(對人赤面症) 속에서 누가 그렇게 하라고 가르치지 아니했어도 알 수 없는 공포증이 꽉 차 있었으며, 특히 사람을 바라문·찰제리·평민·노예 등으로 구분하는데서 오는 계급 차별 때문에 억지로 참고 사는 일들이 많아 분노병에 걸려있는 사람도 많았다.

그런데 우도라카는 이러한 지리적인 풍토와 민족적 사상, 그리고 여러 가지 사람의 성격을 잘 파악하고 있어 만나는 사람마다 기쁨을 얻고 건강하게 살아가는 방법을 가르쳤다. 그러나 그는 그 모든 공덕을 모두 부처님께 돌리며 아무것도 가지지 않고 하루 한 때의 탁발로 만인을 즐겁게 해준 부처님을 최고의 스승으로 섬기고 있었다.

멩그스테와 마니트라 스님

삐자파티(Vidypati)는 학문적으로 뛰어난 학승이었다. 인도학을 공부하는 데는 빨리어와 산스크리트가 기본이라는 것을 잘 알고 있었으며, 먼저 대장경을 읽으려면 이 두 가지 언어를 익혀야 한다고 가르쳐 주었다. 그리고 이 두 가지를 공부하려면 그 말이 어떻게 만들어졌는지 아는 어원학(語源學)과 사전학(辭典學) 자소학(字巢學)을 잘 알아야 한다고 하면서 경·율·론(經·律·論) 3장으로 구성된 8만대장경을 계·정·혜(戒·定·慧) 3학으로 풀어 잘 설명해 주었다.

"계는 부처님의 행동이고, 정은 부처님의 마음이며, 혜는 부처님의 지혜다. 8만대장경은 모두 12부로 나누어져 있는데, 인도의 모든 지식과 학문이 그 속에 다 들어있다."

하고 대장경에 들어 있는 내용의 문체를 구체적으로 설명해 주었다.
① 중생의 마음에 꼭 맞게 방편으로 설하신 계경(契經)
② 그것을 노래로 다시 읊은 중송(重頌)
③ 예언을 중심으로 설한 수기(授記)
④ 홀로 노래 부른 게송(偈頌)

⑤ 크게 감흥을 느끼게 한 감응어(感應語)
⑥ 진리를 있는 그대로 보여주신 여시어(如是語)
⑦ 전생의 일을 설명한 본생담(本生談)
⑧ 일찍이 듣지 못하는 것을 들려주는 미증유(未曾有)
⑨ 이 세상 밖의 넓고 넓은 세계를 설명한 방광(方廣)
그런데 이것이 차차 비유(譬喩)·인연법(因緣法)에 의하여 논의(論議)되어 가고 있다고 설명해 주었다.

그리고 이러한 모든 경전이 티베트 라사에 가면 잘 정비되어 있고 거기 가면 동양에서 제일가는 멩그스테(Mengste)가 있다고 일러주었다.

예수는 수년 동안 이를 익혀 스스로 고서를 볼 수 있게 된 뒤에 삐자파티의 편지를 가지고 티베트 라사를 찾아갔다. 과연 멩그스테는 그곳에 소장되어 있는 필사본 대장경을 볼 수 있도록 도와주었는데, 그곳에는 이 두 가지 언어의 대장경 말고도 중국말로 쓰여진 한문대장경과 티베트말로 정리된 티베트 대장경도 있었다.

그곳에는 불가의 3학(계·정·혜) 뿐만 아니라 초능력적인 신통술·마술·최면술·차력·축지법·요술·공중부양술·수상부양술 그리고 부처님께서 자유자재로 응용하였다고 하는 천안통·천이통·타심통·숙명통·신족통·누진통에 관한 글도 많이 있었다.

예수는 책을 보면서 세상사람들이 평상시 생각할 수 없는 초능력적인 여러 가지 술(術)과 통(通)에 대하여 호기심을 가졌으나 멩그스테는 이것을 잘못 이용하면 천기누설(天氣漏泄)로 단명횡사하게 된다 하면서 구체적으로 가르쳐 주지 아니하였다. 그것은 예수 자신이 신통력을 배우기에는 미숙한 점이 많았기 때문이다.

"술(術)이란 일종의 기능이다. 이 세상에 없는 것을 나타내는 것이 아니고 이 세상에 있는 것을 원리적으로 분석하여 응용하는 것이다. 예를 들어 말하면 물은 H_2O다. H는 수소이고 O는 산소인데 이 둘을 분해하면 물이 될 수 없으므로 공기 속에서 사람들이 마음대로 숨쉬고 사는 것처럼 물속에서도 살 수 있는 것이며, 더운물을 차게도 쓰고 찬물을 덥게도 쓸 수 있는 것이다. 요즈음 말로하면 이것이 냉장고의 원리고 온수기의 원리며, 선풍기의 원리였다. 그리고 통(通)이란 물과 공기를 육지처럼 통용하는 것이니 사람이 물위를 걸어간다든지 공중에 떠서 비행기처럼 날아간다든지, 두 산을 합쳐서 딛고 뛰어 하루에도 몇천리 만리를 마음대로 돌아다니는 것이다. 그러나 이것을 잘못 응용하면 자연의 풍토를 장애하여 도리어 세상에 피해를 줄 염려가 있기 때문에 함부로 사용하면 안 된다는 것이었다. 사람의 몸도 지·수·화·풍의 4대로 이루어졌기 때문에 그 속에 들어있는 고체와 액체·기체를 잘 응용만 하면 기를 돌려 병을 나을 수도 있고, 죽은 사람을 살릴 수도 있다."

하고 그 중의 한두 가지를 보여주었다.

"이 빵은 원래 밀가루를 물에 버무려 불에 구운 것이다. 그러기 때문에 밀가루를 분석하여 낱낱이 떼면 수천 개의 밀가루가 되어 거기에 물을 가해 열을 더하면 하나의 빵이 수천 수만 개의 빵으로 만들어진다. 이것은 물속에서 생물이 자라는 원리를 이용한 것이다. 자 어서 먹어 보라. 먼저의 빵과 새로 만들어진 빵이 어떻게 차이가 나는지."

이것이 장차 예수가 고향에 돌아가 몇 개의 빵과 고기를 응용하여 수백 명의 제자들과 신도들을 먹여 살린 기적이다. 그러나 사실 그것은 기적이 아니고 물리적 사상에 사람의 힘을 보탠 기술이고 신통력이었다.

멩그스테는 "여기서는 이 정도에서 그치고 저 쵸타 라호르에는 마니트라(Manitra) 스님이 이러한 기술을 가지고 중생들을 교화하고 있으니 그곳으로 가보라" 하였다.

과연 마니트라는 훌륭한 지도자였다. 처음부터 믿음이 솟았고 사랑을 느꼈다. 그는 거의 말이 없었으나 모든 것을 행동으로 보였다. 비구의 행습도 좋았지만 그의 철저한 보살행이 장차 세계에서 종교운동을 어떻게 해야 되겠다는 생각을 가지게 하였다. 가난한 자에게는 의식을 베풀고, 병든 사람들에게는 의약을 제공하고, 무지한 중생들에게는 교육을 하는 것이었다.

3년 동안 여기서 배운 불교는 장차 이스라엘에 가서 그치지 않았다. 어떠한 곳에 들어가서도 함부로 유숙하지 않고 함부로 얻어먹지 아니했으며, 소유라는 것은 손에 든 찻잔 하나

뿐이었다. 고독한 수행자의 철저한 계율은 모세의 율법보다도 더 철저했으며, 그는 국가·인종·민족의 차별이 없었다. 모여 온 사람은 모두 가족이고 형제였으며, 천지자연은 그의 집이요 그 속에 사는 모든 중생들은 모두 친구요 사랑이었다.

석가모니 부처님이 계셨다면 진실로 찬양할 수 있는 제자였다. 그는 법을 통해 개인의 소유를 인정하지 아니하였고, 문도를 기르지 아니하였다. 모두가 일불제자(一佛弟子), 그러니까 언덕을 비빌 소도 없었고 무너질 언덕도 없었다. 오직 선후배 속에서 사찰은 중들에 의해서 화합하였고, 중들은 세상의 본이 되었다. 만성받이가 한데 어울려 살면서도 한 가지 계율로 화합하고 사랑스러운 말, 청정한 행으로 서로 공경하고 사랑하였다.

라다크와 레에서 일어난 일

 예수는 길을 떠나면서 그동안 많은 것을 보고 듣게 해준 인도의 왕자님께 감사하였고, 바라문교에서 죽을 고비를 겪은 일, 베나레스에서 봉사하던 일, 우도라카에서 의학을 배운 일을 상기했으며, 특히 삐자파티를 만나 불교를 체계 있게 배우고 티베트에서 고전을 읽고 신통을 배우고 스파비(지금의 파키스탄 마르탄 지역)에서 마니트라를 만나 보살도를 배운 것에 대하여 진심으로 감사하였다.
 라다크를 지나 레(Leh)에 이르렀는데, 한 여인이 죽어가는 아이를 안고 와서 몸부림쳤다.
 "죽어가는 아이를 살려 주십시오."
 예수에게는 처음 당하는 일이었으나 멩그스테 스님이 가르쳐주신 대로 몸에 손을 대고 기를 넣으니 금방 살아났다. 감았던 눈을 뜨고 늘어진 몸을 일으켜 걸었다. 사람들은 놀라 눈이 휘둥그레졌다.
 "하나님의 사자가 왔다."
 사람들은 구름처럼 몰려들었다. 그러나 예수는 흥분하지 않고 말했다.
 "조용히 앉아 죄를 참회하면 치료의 방법을 가르쳐 드리겠습니다."

사람들은 모두 조용해졌다. 예수는 인도의 우도라카가 한 대로 환자들을 자신의 몸처럼 생각하며 치료했으며, 사랑스럽게 대하였다.

"앙굴타라 니카야에 이런 말씀이 있습니다. 쾌적한 정원은 적고 우거진 덤불은 많다고. 세상에는 다시 태어날 사람은 적고 연옥에 들어가 고생할 자들은 많습니다. 죄를 참회하시고 선행을 하십시오."

사람들은 그 말과 행동에 감동하여 말을 잊고 눈물을 흘리다가 그가 떠날 때는 모두 안타까워하였다.
"여러분 너무 슬퍼하지 마십시오. 우리는 또 다시 만나게 되어 있습니다. 하나님의 나라에는 우리들의 방이 모두 다 준비되어 있으니 다음 세상에서는 결정코 다시 만나 헤어지지 아니할 것입니다."
예수는 이렇게 희망을 주고 길을 떠났다.

카쉬미르 골짜기에는 라호르라는 큰 도시가 있었다. 예수는 그곳으로 가다가 대상들을 만났는데 낙타 한 마리를 주면서 말했다.
"급히 떠나지 마시고 불쌍한 중생들을 구제하여 주십시오."
"감사합니다. 사람은 물과 바람 빛 속에 살아가고 있는데, 이를 더럽히지 아니하면 반드시 복을 받을 것입니다."
그 때 낯선 악인(樂人)들이 와서 노래를 불렀다. 오랜 세월 인도 전역을 유랑하며 노래를 선사하는 유랑 악극단이었다. 너무도 신통하고 아름다운 음성으로 노래 불렀기 때문에 예수는 크게 칭찬하였다.

"당신들은 하루아침에 배운 음악이 아닙니다. 오랜 옛날부터 꾸준히 익혀오면서 세상 사람들을 어떻게 즐겁게 해줄까 하는 원력을 가졌기 때문에 이렇게 기재(奇才)가 된 것입니다. 더 좋은 화성법(和聲法)을 마련하여 세상을 즐겁게 해주십시오. 복 있는 사람은 악인의 꾀를 쫓지 않습니다. 죄인의 곁에 서지 않고 오만한 자리에 앉지 아니하면 천국은 곧 당신들 것이 될 것입니다."

이 같은 내용은 1894년 니콜라스 노토비치가 쓴 "예수의 알려지지 않은 생애"뿐 아니라 그 뒤로 영국의 옥스퍼드대학 막스 뮐러의 친구 아베다난다가 헤미스에 가서 직접 확인하고, 1920년 러시아 학자 로에리치(Nicholas Roerich)도 다른 절에 가서 또 다른 사본을 얻어 발표한 것들이다.

특히 1938년 스위스 카스파리(Caspari) 박사 부부가 헤미스로 가다가 다른 스님에게 이 소식을 듣고 그 자료를 확인한 바 있고, 1964년에는 인도 카쉬미르 스리나가르에 사는 하스나인(Hassnain)이 티베트 국경 라다크 지방에서 이 문서를 재발견하고 예수의 행적을 지도로 만들어 발표한 것들이다.

그런데도 세계의 기독교인들은 이 같은 발표자와 연구가들을 협박하고 폭력하고 있다. 예수의 비부활과 다른 종교에 대한 편력(遍歷)이 알려지면 그 권위가 떨어질까 염려하여서인데 그것은 자기만 알고 남을 모르는 어리석음이다. 2천년 전 외국에 유학하여 예수님처럼 공부한 사람이 어디 있으며, 조국의 역사가 잘못된 것을 고쳐 세계 인류와 공영하는 역사를 만들되 비폭력 무저항주의로 자신의 신명을 아낀 사람이 어디 있는가. 예수의 정의와 사랑, 복지를 부정적 사고방식으로 확장시켜 갈 것이 아니라 긍정적인 면에서 인격적으로 실천해야 할 것이다. 예수를 반대하고 예수교인들을 적대시하는 이슬람과 유대교도 오히려 민주화되어가고 있지 않은가.

페르시아와 앗시리아에서

페르시아는 사막과 고원 석유의 나라다. 북은 러시아, 동은 아프가니스탄·파키스탄, 서는 터키·이라크에 접하고 있다. 고도 1200m의 고원이 국토의 태반을 차지하고, 북부 엘부르즈 남서 자그로스의 두 산맥이 남북 저지대에 큰 단애를 형성하고 있다. 카스피해 지방만 대 곡창지대를 이루어 국민의 대부분이 이곳에 몰려 살고 있는데 아리아계·이란인·터키·쿠르드족들이 어울려 살고 있다.

동서 교통 요충지대로 고대로부터 영고성쇠가 많은데 BC. 7세기 전 아케메네스조(페르시아)가 고대 오리엔트 전역을 지배하고 있었다. 알렉산더대왕 후 셀레우쿠스조가 파르티아왕국 밑에서 헬레니즘과 융합하였으나 사산조 때 페르시아에 의해 부흥하였다. 사산조는 아랍국의 침입으로 망하고 약 2세기에 걸쳐 조로아스터교에서 이슬람교로 전환하였다. 9세기 이후에는 소왕조가 군웅활거를 하다가 터키 몽골의 지배를 받았고, 16세기 사파비조에 이르러 이슬람교의 최대 흥성기를 가졌으나 18세기 아프간족에 타도되어 19세기 터키계 카자마르에 넘어갔다. 1925년 리자샤다에 의해 팔레비왕조가 창조되었으나 1935년 국명을 페르시아에서 이란으로 고쳐 79년부터 호메이니 정권이 들어서 회교공화국을 형성하고 있다. 생각하면 까마득한 역사를 거친 나라이지만 그래도 예수는 자기의 옛 고향을 지나가는 듯 평화롭게 걸었다.

실제 예수가 고향으로 돌아오는 길에 페르시아에 들어간 것은 24세 때였다고 한다. 많은 부락과 도시를 거치면서 병든 이를 치료하고 진리를 포교하자 계급타파에 반대하는 바라문들이 예수님을 잡아 무서운 짐승들이 들끓는 산곡에다 버려 죽을 고비를 겪었다. 그러나 "내 입은 지혜, 내 마음은 명철한 묵상이다" 하고, "내 비유에 귀를 기울여라. 나는 나의 수금으로 오묘한 진리를 풀리라" 하였다.

이윽고 예수는 페르시아 역대 왕이 묻혀 있는 페르세폴리스에 이르러 호르·룬·메르 세 동방박사를 만났다. 이들이 예수님이 처음 태어났을 때 이스라엘에 와서 자리를 피하라고 일러주신 예언가들이다. 한편 카스피아·자라·멜조온 등에서 온 현자들도 그곳에서 만나 7일 동안 명상하며 무언의 교신을 하였다. 그들은 진리의 빛과 하늘의 계시가 시대의 율법에 달려 있다고 말하였으며, 조로아스터교 축제 행사에 동참하였다. 조로아스터교 통치자 아무라가 그곳에 와서 "무엇인가 하실 말씀이 있으면 하라"고 하여 예수는 그들을 칭찬하였다.

"여러분은 사람의 아들들 가운데 가장 축복받은 분들입니다. 하늘과 인간에 대해서 가장 올바른 생각을 가지고 있기 때문입니다. 당신들의 스승 짜라투스트라에게 반드시 영광이 있을 것입니다."

그때 한 명의 마기승(조로아스터교의 승려)이 물었다.

"만약 하나님께서 악을 만들지 아니했다면 악을 만든 신은 어디에 있습니까?"

"하나님은 오직 선한 분이십니다. 단지 창조된 신의 물건에 갖가지 색상이 있는데, 그 색상과 음조, 형태를 잘못 본 사람들이 악을 지어 고통을 받습니다."

"그렇다면 타오르는 악마의 불꽃과 불길도 모두 인간의 작품이란 말씀입니까?"

"그렇습니다."

그 때 예수님의 얼굴에서는 밝은 빛이 솟고 주위에 원광(圓光)이 드리웠다. 그것을 본 한 승려가 물었다.

"그 빛은 어디서 나오는 것입니까?"

"영혼이 하늘과 만나는 곳에서 납니다. 만일 이것을 보는 사람은 누구나 지혜・사랑・권능으로 충만하게 될 것입니다."

"그 빛을 얻으려면 어떻게 해야 합니까?"

"명상을 하십시오. 명상의 장소는 때와 장소가 없습니다. 명상하는 사람의 마음이 그 본래의 자리에 들어가면 천지자연과 교신하게 될 것입니다. 말과 행위는 생각의 그림자입니다. 유태선생님의 말씀은 그대로 깨달은 사람의 말씀입니다."

모든 사람들이 감사하고 어디론가 흩어졌다. 그곳에는 천연약수터가 있어 그곳에 가 시간 맞추어 목욕하여 온몸의 병이 낫고 또 모든 병을 예방할 수 있다고 하여 모두들 그곳으로 가 서로 목욕하고자 소란을 피웠다.

예수는 샘터에 이르러 말했다.

"하늘의 권능에는 시간이 없습니다. 어찌 하나님이 권능을 주시는데 오늘은 주고 내일은 주지 않겠습니까. 다투지 말고 순서적으로 하십시오."

그 때 한 가냘픈 소녀가 홀로 산언덕에 힘없이 앉아 있었다.

"그대는 어찌하여 샘물에 가지 않는가."

"하늘에 계신 우리 아버지의 사랑은 작은 컵으로 잴 수 없습니다."

"오, 사랑하는 소녀여. 그대는 바로 공기의 생명을 마시고 건강해지리라."

과연 그는 샘물가에까지 가지 않고도 건강을 되찾아 일어섰다. 예수가 말했다.

"생명의 샘은 조그마한 웅덩이가 아니다. 하늘처럼 넓고 바다처럼 충만하다. 살아있는 샘물로 깊이 뛰어든 사람은 자기의 죄를 깨끗이 씻어 완전하게 되리라."

예수는 이제 자리에서 일어나 앗시리아로 갔다. 앗시리아는 동서 교역로로 많은 왕국이 거치면서 매우 불안정한 정치 세력을 지내왔으나 수메르문화와 철의 무기로 군대를 양성, 농민군대가 형성되면서 200여 명의 군웅들이 할거한 사실이 1930년과 1954년 코르사비드에서 발견된 왕표(王表)에 의해 알려지고 있다. 예수는 이 반달의 나라 초원지대를 걸으면서 옛 사람들의 지혜에 감탄하며 인류 역사의 기복을 생각하였다.

페르시아에서 만난 카스파와는 유프라테스강까지 동행하다가 카스피해 근방에 있는 자택으로 돌아가고 예수는 이스라엘 민족의 요람이었던 갈데아에 도착하여 아브라함이 태어난

우르에 가니 많은 사람들이 모여 왔다. 그래서 그들에게 말했다.

"우리는 모두가 동족입니다. 2천여년 전 우리의 조상은 바로 이곳에서 살았습니다."

이때 앗시리아에서 제일가는 성자 아시비나가 말했다.

"내 사랑하는 갈대아의 자녀들이여, 그대들은 오늘 큰 축복을 받았습니다. 하늘의 예언자가 그대들에게 왔기 때문입니다."

하고 두 사람은 갈데아 티그리스강과 유프라테스강 사이에 있는 모든 마을과 도시를 찾아다니며 병자를 치료하고 파괴된 바빌론의 문에 들어가 무너져 내린 황폐한 궁전들을 구경하였다.

"이스라엘 사람들이 한때 이곳에서 포로가 되어 있었습니다. 야곱의 아들 유다가 아들 딸을 데리고 버드나무 가지에 하프를 걸어놓고 노래 부르기를 거부했다는 곳도 이곳입니다. 바빌론의 왕은 옛 예루살렘 성전을 파괴했습니다. 도시를 불태우고 나의 친족들을 쇠사슬로 묶어 노예로 만들었습니다."

하고 제행무상을 깨물어 삼키듯 예수님과 아시비나는 그곳에서 조용히 명상에 들었다. 그리고 깨어나 말했다.

"이것이 바벨탑이 있던 곳입니다."

예수는 시날 평원에서 아시비나와 일주일 동안 머무르며 새시대의 목자가 해야 할 일이 무엇인가를 의논하였다.

"사람들은 신전을 세우고 해와 달을 섬기며 새·짐승·사람·어린이들을 희생물로 불태워 죽였습니다. 그러나 지금은 유혈이 낭자한 승려도 죽고 성벽마저 흔들려 내려앉을 지경이 되었습니다."

"우리는 가난을 돕고 병자들을 치료하여 무지를 일깨워야 합니다. 인류의 역사는 무지 속에 처절한 전쟁을 하고 있습니다."

이렇게 날이 가고 밤이 새는 줄 모르고 두 사람은 인류구제에 대한 깊이 있는 의견을 토로하다가 헤어졌다.

희랍과 애굽에서

　예수는 시날의 평원에서 일주일 동안 머무르면서 아시비나와 함께 사람이 필요로 하는 것과 다가오는 시대에 해야 할 일에 대해서 의논하고 곧바로 요단강을 건너 고향으로 갔으나 어머니 마리아는 말도 못하게 기뻐하는데도 형제들은 본체만체 박대하였다.
　"일도 하지 않고 빈손으로 세상의 욕망이나 바라고 명성을 찾는 사람에게 잔치는 무슨 잔치, 집을 떠난 지 몇 년인데 무일푼 알거지로 집을 찾아온단 말이냐!"
　예수는 어머니 마리아와 여동생 미리암에게 그동안 있었던 일들을 간단히 들려주고 희랍으로 떠났다. 나사렛 집으로부터 갈멜산을 넘어 항구에서 배를 타고 곧장 희랍에 도착하니 아테네 사람들은 일찍부터 그의 명성을 들어 만나보기를 희망하였다.
　희랍 신탁(神託)의 대표자 아폴로는 예수를 위하여 널리 학문의 문을 열어주어 아레오파구스에서 희랍철학에 대하여 강의를 들었다. 하루는 원형경기장에서 아폴로의 배려로 말을 하게 되었다.
　"옛날 지혜 있는 사람들이 지구의 중심권에서 심장의 고동과 같은 이곳을 아테네의 서울로 정하고 에페르의 파동을 들었습니다. 그래서 이곳은 밤하늘의 별과 같이 영혼의 빛이 반짝이는 곳입니다. 그러나 지금은 여러분의 학문은 단지 그 감각의 영역을 뛰어넘는 디딤돌에 불과합니다. 만일 여기서 시간의 벽을 날아 환상의 세계를 벗어난다면 참 생명의 빛을 볼 것입니다."

아폴로가 말했다.

"그대의 맑고 깨끗한 물을 마시는 사람은 더 이상 잠자지 않고 신의 축복을 받을 것입니다."

어느 날 예수는 아폴로와 함께 해변가를 거닐고 있는데, 델피신전의 사자가 급히 와서 말했다.

"아폴로 선생님. 신탁이 당신에게 할 말이 있다고 합니다."

"당신도 그것을 보고 듣고 싶으면 함께 가셔도 됩니다."

그래 함께 가니 많은 사람들이 둘러싼 가운데 신탁이 말했다.

"지금 종이 열두 시를 치는 한 밤중에 도착해 있다. 델피의 태양은 이미 졌고, 대자연은 자궁 속에서 새 시대를 잉태하고 있다."

그리고 신탁은 40일 동안이나 아무 말을 하지 않았다. 어느 날 아폴로가 예수에게 말했다.

"델피의 신탁은 그동안 희랍을 위하여 여러 가지 유익한 일들을 말하여 주었는데 도대체 그것이 신입니까 아니면 천사입니까?"

"천사도 신도 아니고 희랍의 지혜를 모아 비유로서 설명할 뿐입니다. 그러므로 희랍의 정신·희망·사상이 살아 있는 동안까지는 그것을 말을 하고 때가 지나면 그만 벙어리가 될 것입니다."

과연 델피의 신탁은 더 이상 말을 하지 않았다.

하루는 해변가에서 배가 풍파를 만나 사람들이 죽어가는데 사람은 구하지 않고 그 바닷가에 모셔진 신상에게 기도하고 있는 사람들을 나무랬다.

"사람은 구하지 않고 그 그림 종이에 무엇이 있다고 기도하십니까. 세계를 지배하는 큰 힘은 인간의 힘이 미치는 데까지는 손을 뻗지 않습니다. 저 하늘의 끝없는 힘을 믿으세요."

그는 아폴로와 희랍의 많은 철학자들의 전송을 받으며 남쪽 애굽으로 갔다.

애굽에서는 25년전 헤어졌던 조안에 살고 있는 엘리후와 살로메를 찾았다. 그의 어머니 마리아를 가르치던 분이다.

"만나 뵙게 돼서 반갑습니다."

"장차 이 세상은 당신의 박애정신에 의하여 밝아질 것입니다. 마치 알렉산더대왕이 페르시아에 이르러 동서사상을 아우르듯이 말입니다."

조안에는 예부터 널리 알려진 태양의 도시 헬리오폴리스가 있어 명상하는 사람들이 거기 모여 있었다. 예수도 그곳에 가서 입회하니

"어떠한 시련과 계율도 다 지킬 수 있느냐."

고 물었다. 서약하자 바로 샘터로 인도 되어 목욕하고 새 옷으로 갈아입고 사제 앞에 나아가니 두루마리 하나를 벽으로부터 내려놓으며 말했다.

"원(圓)은 완전한 인간의 상징이고 7은 숫자입니다."

하고 어슴푸레한 방안으로 안내되었다. 벽에는 신비한 기호

와 상형문자, 그리고 신성한 성구가 적혀있는데 혼자 남겨놓고 나가버렸다. 조용히 명상하다 보니 깊은 밤중에 한 스님이 들어와 말했다.

"난 당신을 구하기 위해서 왔습니다. 나를 따라 비밀통로를 찾으십시오."

"나는 그런 사기꾼의 말을 좋아하지 않습니다. 하늘과 내 자신에게 진실이 있기 때문입니다."

이 말을 듣자 그 사내는 안개처럼 사라지고 흰옷을 입은 승려가 나타나

"로고스가 이기셨습니다. 이곳은 위선의 심판석입니다."

하고 호화찬란한 방으로 안내하였다.

"이곳은 성실의 방입니다. 잠깐 쉬십시오."

"나는 휴식이 필요 없습니다."

"그렇다면 바로 고독의 방으로 안내해 드리겠습니다."

그리하여 그곳에 들어가 깊이 잠이 들었는데 갑자기 비밀의 문이 열리며 말하였다.

"이곳은 희생제물의 보관실입니다. 당신은 이제 조금 있으면 하늘의 제물로 사라질 것입니다."

예수는 조금도 겁을 내지 않고 앉았으니 그들은 감쪽같이 사라지고 이젠 공정(公正)이라 써진 글을 양손에 쥐어 주었다. 편견과 환영을 극복한 메시지였다. 예수는 3일 동안 이곳에서 지낸 뒤에 명예의 방으로 안내되었다. 그곳에는 호화찬란한 보석들이 꽉 차 있었다.

"당신은 젊은 나이에 높은 이름을 얻어 세상에서는 드문 사람이 되었습니다. 그러나 아직도 불확실성의 단계에 있으니 깊이 생각해 보시오."

예수는 이곳에서 40일 동안 보다 높은 자아와 가장 낮은 자아와 싸워 야망의 왕을 패망시켰다. 드디어 신앙이라 써진 두루마리를 받았다. 그리고 며칠 뒤 환락의 방에 안내되었다. 호화스러운 방안에는 달콤한 포도주가 가득 차 있고 화사하게 차려입은 아가씨들이 명랑하게 시중들었다.

"가장 행복한 사람은 꽃 속에 꿀을 외면할 수는 없습니다. 남을 위해 인생을 낭비하는 것은 어리석은 것입니다."

그 때 허름한 옷을 입은 고독자·고아·병자들이 나타나 구걸을 청했다. 그들은 인정머리 없이 어떻게 이런 곳에 왔느냐 쫓아내버렸다.

"세상이 곤고한데 어찌 나 혼자 환락을 즐길 수 있겠는가."

그 때 예수의 손에는 박애라는 두 글자가 쥐어 졌으며, 온 몸이 결박된 채 뱀·지네가 우글거리는 함정에 던져졌다.

"영혼이 두려워하는 것은 공포다. 그러나 그 공포 또한 한 생각에서 나타난 것이다."

하고 황금사다리를 딛고 올라가니 공포와 환상은 모두 사라지고 태양사원이 있는 신비의 방에 도착되어 있었다. 안내원이 말했다.

"이 방은 조화의 방입니다."

그 때 한 아가씨가 그 방에 들어와 예수 옆에 있던 하프시코드를 뜯었다. 매혹적이었다. 그러나 예수는 거기에 매혹되지 않고 장차 해야 할 일들을 마음속 깊이 되새기고 있었다. 그녀는 사랑의 슬픔에 울며 자리를 떠났다. 그 때 어디선가 종이 울리며 성가의 소리가 들렸다. 방안은 빛으로 꽉 차고 몸은 날아갈 듯 가벼웠다.

"축하합니다. 승리의 로고스여. 관능적 애욕의 정복자는 높은 곳에 섭니다."

하고 성애(聖愛)라 써진 두루마리를 들려주고 연회장으로 안내하였다. 거기에는 오랜 세월 비밀리 간직해온 밀교의 비밀과 죽음의 신비, 태양계 밖의 세계도 보였다. 죽은 시체를 썩지 않게 만드는 방법 등을 배웠다. 예수는 여자의 방에서 영혼이 파도치는 것을 보고 껍데기 인생에 속지 않을 것을 다짐하였다.

이렇게 하여 수명이 끝난 예수는 자줏빛 방안의 사제 앞에 서서 "예수 그리스도"란 명예를 수여 받았다.

이것은 마치 부처님께서 6년 고행 후 붓다가야에서 도를 깨닫고 32상 80종호를 갖추어 10호를 구족한 18불공법(不共法)의 부처가 된 것이나 다름없었다.[1]

---

[1] 32상 80종호는 외형상 잘 생긴 모습이며, 10호는 다른 사람들이 불러주는 명예다. 그리고 18불공법은 이 세상 누구도 같이 할 수 없는 정신적 능력을 말하는데, 10력·사무소외·3부동·대자대비가 그것이다.

진정한 사랑과 정의를 위한 종교회의

어느 세상이나 세상을 고민하는 지도자들은 있기 마련이다. 서양에는 일찍부터 국가·민족·언어의 변동과정을 통해 인류가 어떻게 변해갈 것인가 걱정하는 사람들이 있었다.

중국의 멩그스테, 인도의 삐자파티, 페르시아의 카스피아, 앗시리아의 아시비나, 희랍의 아폴로, 애굽의 밧세노, 희랍의 파일로도 그 가운데 끼어 있었다.

"자, 우리 인류의 사랑과 정의 공정이 얼마나 진보했는지 점검해 봅시다."

하니 먼저 멩그스테가 말했다.

"세상은 보다 높은 사상을 추구해 가며 빛을 구하고 있습니다."

삐자파티가 말했다.

"굳어진 승려제도는 개혁될 리 없고, 사람들은 그 속에서 정성을 드릴 것입니다."

카스파가 말했다.

"페르시아 사람들은 지금 제일 큰 악마가 권세를 얻어 공포 속에서 살아가고 있습니다."

아시비나가 말했다.

"앗시리아는 의혹이 많은 나라입니다. 하늘을 믿으면서도 하늘을 의심하고 있습니다."

아폴라가 말했다.

"희랍에는 신통계보(神統系譜)가 없습니다. 왜냐하면 모든 사상이 신이 되어 신으로 받들어지고 있기 때문입니다."

밧세노가 말했다.

"신비의 나라 죽음의 나라 애굽을 보시오. 어둠 속에서 빛을 갈구하고 있습니다."

파일로가 말했다.

"히브리에서는 자유가 필요합니다. 사도들의 이기심으로 사람들은 날로 노예로 전락되어 가고 있습니다."

그 때 조용히 회의실 문이 열리더니 예수가 나타나 모든 성자들이 다 같이 일주일 동안 명상에 잠겼다. 깨어난 뒤에 멩그스테가 말했다.

"인간들은 아직 올바른 신앙에 대하여 확고한 신념을 가지고 생활할 수 있는 수준이 못됩니다. 자기자신도 다스리지 못하는 사람이 어떻게 하늘을 이해할 수 있겠습니까. 어떻게 하면 제왕의 시대를 지나 인간들이 자유스럽게 자기 일을 해나갈 수 있겠습니까. 만물은 사상이니 생각 속에 나타난 실존을 찾아야 합니다."

하니 뻬자파티가 말했다.

"영원한 사상은 지성이고, 그 지성 속에 사랑이 숨쉽니다. 이것이 아버지 어머니 자식이 아니겠습니까."

이것이 3위일체의 사상이었다. 카스피아가 말했다.

"인간은 사상의 실체 위에 육신을 입힌 것입니다. 지상형을 취하므로 점점 아래로 내려가 천부적 조화를 잃고 악이라는 수공품을 만들어 내고 있습니다."

아시비나가 말했다.

"씨는 빛 속에서 발아하고, 인간은 영생의 종자로부터 진화 발전합니다. 하늘은 너무 밝아 땅속에 자리 잡게 한 것이 거기서 어둠이 나타나게 되었습니다."

아폴로가 말했다.

"영혼은 네 마리의 백마(의지·신앙·협조·사랑)에 의해서 굴러가는데, 그 가운데서도 사랑이 으뜸입니다. 왜냐하면 그것은 이기심이 없기 때문입니다."

맛세노가 말했다.

"아폴로가 말한 우주보편적인 사랑은 지혜와 신의(神意)의 자식입니다. 그래서 그리스도를 세상에 보낸 것이니, 이것을 얻으려면 육체 속에 존재하는 공포·자아·감정·욕망 등 온갖 세속적인 사상을 버려야 합니다."

파일로가 말했다.

"그렇습니다. 세속의 육적인 진수가 하늘의 성스러운 숨결을 변해야 인간이 완전히 신이 될 수 있습니다."

멩그스테가 말했다.

"그 사람이 누구입니까. 하늘과 땅, 모든 성현들에 의하여 입증된 사람, 그 사람이 바로 갈릴리에서 온 예수입니다."

모든 사람들이 일어나 예수의 머리에 손을 얹고 찬양하였다.

"지혜·명예·영광·권력·부귀·축복·힘, 이 모든 것이 그대의 것입니다."

"아멘."

다시 그들이 일주일 동안 명상에 든 뒤 예수가 말했다.

"생명의 역사는 근본원리 속에 잘 정돈되어 있습니다. 내가

들 잔은 쓸개보다도 더 쓴 것이며, 인간의 마음으로서는 꼭 피하고 싶은 것입니다. 그러나 여러분의 원이 그렇고 나 또한 생각이 그러하니 그 잔을 마시겠습니다."

그 때 예수의 두 눈과 두 귀, 두 코, 한 입에서는 7성처럼 밝은 빛이 나타났다. 정직과 선행, 인과 인연, 무상(無相)의 깨달음이 그 속에 나타나고 있었다.

세례 요한과의 인연

예수는 그 길로 갈릴리에 이르러 그의 집에 잠깐 들른 뒤 세례요한에게로 갔다. 요한은 예수의 이종 사촌형이다. 어머니 마리아와 요한 어머니 엘리자베스가 사촌자매간이기 때문이다. 요한은 BC. 8년 5월생이고, 예수는 7년 3월생이다.

세례요한은 사가랴와 엘리사벳의 아들로 애굽에 있는 여러 학교에서 공부를 마친 뒤 헤브론으로 돌아왔다. 그리고 옛 성현들이 거쳐하던 광야의 동굴들을 찾아내어 다윗동굴이라는 곳에서 살았다. 짐승의 털가죽 옷을 입고 상록교목의 열매와 꿀·메뚜기·호두·과일 등을 먹고 살았다. 어쩌면 인도 생식 고행자들과 꼭 같은 생활을 하였다.

그가 30세가 되었을 때 예루살렘으로 들어가 7일 동안 시장바닥에서 명상하여 많은 사람들의 이목을 끌었다. 단식기도가 끝나자 말했다.

"보라, 왕이 왔다. 맞을 준비를 하라."

그리고 사라져 그 누구도 그 거처를 아는 사람이 없었다. 로마의 지배를 받고 있는 이스라엘은 매우 인심이 흉흉하였다. 그런데 다시 나타나 말했다.

"걱정하지 말라. 그 자는 지상의 왕을 탐하는 자가 아니니…"

다시 유대의 축제일에 성전의 뜰에 서서 말했다.

"준비하라. 예루살렘이여. 그대의 왕을 맞을 준비를 하라. 나라에는 종창이 가득한 강도들이 득실거릴 뿐 백성들을 살릴 사람이 없구나. 회개하라. 그렇지 아니하면 하늘이 그대들을 외면할 것이다."

제사장·박사·율법학자들이 그를 찾아 보복하려 하였으나 찾지 못했다. 그런데 하루는 그들이 서로 마주치게 되자 물었다.

"그대의 취지가 무엇인가. 어떤 선지자 예언가가 그대를 보냈는가?"

"나는 광야에서 외치는 사람이다. 옛날 마라키가 예언했던 사람이 오고 있으니 평화와 사랑의 왕을 맞을 준비를 하라. 최후의 심판이 왔으니…"

"어디로 가십니까?"

"요단강 나루터로 가노라. 그곳이 바로 언약의 터이기 때문이다."

사람들도 그를 따라 베다니까지 갔다. 가다가 그는 그의 혈육인 나사로의 집에 들어가서도 마찬가지였다.

"회개하라. 죄는 누구에게만 있는 것이 아니다."

요한은 나사렛 사람들이 베푸는 잔치를 함께 즐기며 오직 포도주를 피하고 여리고로 내려가 알패오와 함께 지내다가 요단강에 이르러 모두 세례를 베풀었다. 그리고 외쳤다.

"무엇이고 인류에 도움이 될 만한 일이 있으면 행하고, 소유물을 나누라. 두 벌의 외투가 있으면 하나씩 나누어 입고, 이기적인 목적으로 부당하게 세금을 걷지 말라. 군인들은 무력을 행사하지 말라. 나는 영혼을 깨끗하게 하는 자고, 물로 세례하는 자이지만 내 뒤에 오시는 분은 성령으로 세례할 것이다."

그 때 예수가 와 세례해 주기를 바라자

"당신은 말과 행동이 깨끗하기 때문에 따로 세례받을 필요가 없습니다."

"비록 이것은 형식이지만 모범이 되므로 나는 이것을 의식으로 삼으려 합니다."

그리하여 요한은 그를 강가로 인도하여 세례하고 나니 마치 그 빛이 비둘기처럼 하늘로 올라가는지라 요한이 말했다.

"저희가 하늘의 이름으로 오신 왕이니라."

선구자 요한은 이렇게 길을 닦았고, 예수는 군중에게 자연스럽게 소개되었으므로 그의 임무를 수행할 수밖에 없었다.

요한의 추종자들 가운데는 갈릴리 출신이 많았는데, 그 가운데서도 안드레·시몬·야고보·빌립과 벳세다의 형제였다.

어느 날 안드레 빌립과 벳세다의 아들이 요한과 이야기하고 있는데 예수가 오자 "그리스도를 보라" 외쳤다.

예수가 시몬의 얼굴을 들여다보고 말했다.

"바위를 바라보라. 베드로가 너의 이름이니라."

빌립은 다니엘이 무화과나무 밑에 앉아 있는 것을 보고 말했다.

"와서 보시오. 나사렛 예수를!"

다니엘이

"뭐 나사렛에서 좋은 것이 나오겠소."

하자 예수가 말했다.

"전혀 속임성이 없는 순수한 이스라엘 사람이로다."

"그렇습니다. 이분은 틀림없이 그리스도 왕이십니다."

요한은 앞으로 나가 그의 형제인 야고보를 찾아와 6명의 사도들이 예수와 함께 유숙하였다. 베드로가 말했다.

"저희들은 오랫동안 그리스도를 찾고 있었습니다. 우리는 갈릴리로부터 와 요한을 그리스도로 생각했습니다. 그러나 자신이 나는 그리스도가 아니라 하시고, 당신이 오시자 그리스도라 하였습니다. 이제 저희들은 어느 곳이고 주님이 가는 곳을 따르겠습니다. 주여 무엇을 해야 할까요?"

"땅 위의 여우는 살 집이 있고, 나는 새도 보금자리가 있으나 나에게는 머리 하나 누일 장소가 없노라. 그러니 나를 따르는 자는 욕망을 버리고 참된 생명을 구하기 위하여 자신을 세속적인 삶을 버려야 하느니라."

이때 베드로가 말했다.

"다른 사람은 몰라도 저는 어디든지 따라가겠습니다."

이튿날 아침 다시 예수가 와서 요한과 함께 부둣가에 갔다. 요한이 자꾸 권하여 예수가 앞에 나서 말했다.

"하느님의 왕국이 다가오고 있으니 모두 시대의 열쇠지기가 되어야 할 것이오. 만일 그 열쇠로 문이 열린다면 누구나 함께 왕을 기꺼이 만날 수 있을 것입니다. 요한은 사람의 혼을 낚는 어부요. 그런데 어쩌면 오늘 죄를 씻고 내일 죄를 짓는 백성들이 되는지 알 수 없습니다. 그러니 이 예언자의 말을 듣고 의지를 강하게 하여 사람들을 도와주도록 하시오."

하고 여섯 사람과 함께 베다니로 가니 이스라엘 사람들이 왕을 반겨 맞기 위해서 나왔다.

"보십시오. 진실로 왕이 왔습니다. 그러나 나는 시저와 같이 지상의 지배권을 가진 왕이 아니라 부정과 방종, 죄악을 향해 칼을 휘두르는 하늘의 왕입니다. 육안으로는 볼 수 없으니 영혼으로 보십시오. 그리스도는 우주 보편적인 사랑입니다. 시련을 통하여 많은 유혹을 극복하는 자만이 나의 잔(盞)을 마실 수 있습니다."

예루살렘에서도 마찬가지였다. 많은 사람들이 나와 그리스도를 환영하였다. 그 때 예수는 성서를 펴서 읽었다.

"보라. 내가 내 사자를 보내리라. 그리고 그 길을 마련하리라. 그리고 그대들이 기다리는 그리스도가 청함을 받지 않고 그의 성전에 오리라."

그리고 나사렛으로 가 그의 어머니와 누이동생 미리암과 함께 지냈다. 관리가 그 말을 듣고 만나기를 희망하자 "나는 누구의 종이 아닙니다." 하고 말을 하지 아니했으며, 동네 사람들에 대해서도 "예언자는 그의 친족들 사이에 존경을 받은 일이 없습니다." 하고 일체 말을 하지 않았다. 단지 "그대들에게 행복이 있으라." 축복하였다.

그리고 가나안의 혼인잔치에 이르러 물로 포도주를 만들어 실컷 마시게 하고, 베드로·안드레·요한·야고보의 집이 있는 가버나움 갈릴리 강가 호반에 이르러

"나는 당신들이 영혼의 눈으로 보지 않는다면 볼 수 없습니다. 지상의 왕은 왕의 옷을 입으나 천상의 왕은 어부의 옷을 입고 농부의 옷을 입고 고기를 잡고 씨를 뿌릴 수 있습니다. 혹 어떤 사람이 내가 죄인을 판정하였다고 고발하여 감옥 속에 갇혔다가 십자가에 매달려 죽을 수도 있습니다. 그러니 여러분은 진정한 왕을 맞을 준비를 하십시오."

유월절 축제 때는 예루살렘에 이르러 사두개 사람 유다의 집에 머물렀다. 이튿날 성전에 들어가니 사람들이 몰려왔는데

환전상들은 양이나 비둘기를 파느라 정신이 없었다. 예수가 말했다.

"보라. 그대들은 하찮은 소득을 위하여 하느님의 성전을 팔아버렸도다."

하고 채찍으로 상인들을 내쫓고 그들의 진열장을 뒤엎었다. 새들은 날아가고 고삐는 풀려 양들은 달아났다.

제사장이 말했다.

"젊은이여, 그대가 왕이거나 그리스도라면 증거를 보이시오."

"충직한 유태인이라면 이 성전을 더럽히지 않기 위해 자기의 생명을 바치지 않는 사람이 없을 것입니다."

이때 관리들이 채찍으로 그를 밀어내려 하자 애굽에서 온 파일로가 "이 분은 보통분이 아니니 진정하시오." 하고 말렸으나 "이 자는 스스로 왕을 자처하였으니 신성 모독입니다." 하고 그를 내쫓아 버렸다.

다음날 여러 율법사가 와서 여러 가지를 물었으나 비유를 들어 설명했기 때문에 알아들은 자가 없었다.

안식일에 예수는 성전 뜰아래서 환자를 치료하고, 우물가에 사마리아 여인을 만나 제도하고, 수가에서는 악령을 퇴치하였다.

그런데 그 때 파라카와 갈릴리의 영주 헤롯 안티파스 왕이 폭군으로 부도덕한 여인 헤로디아를 맞아들이기 위해 자기 아내를 내쫓았다. 그래서 세례요한이 이들을 질책하였더니 헤로디아가 분개하여 그를 체포하여 사해의 감옥 속에 가두었다. 그런데 헤로디아의 딸이 안티파스왕 앞에서 춤을 추게 되자 "무엇이고 원하는 대로 해주겠다." 하자 그의 어머니의 교사를 따라 "세례요한의 머리를 갖고 싶다." 하니 왕은 명령을 내려 세례요한의 머리를 베어오게 하니 세례요한의 명은 이것으로 끝나고 그의 제자들은 모두 예수님의 가르침을 본받게 되었다.

그러나 당시 애굽 이스라엘은 로마의 학정 속에 너무도 가슴 아픈 일이 많았으므로 예수님의 비폭력 무저항주의를 따르는 사람도 있었으나 열혈당에 가입하여 한 사람도 씨를 남기지 않고 죽고 자살한 사람들이 많았다.

광야에서의 고행체험

예수는 인도·티베트·페르시아·앗시리아·희랍·애굽 등 많은 나라를 거치면서 보고 듣지 못한 것을 많이 보고 들었지만 실제 자기 자신에 대한 공부에 대해서는 깊이 체험한 바가 없었다.

그래서 세례요한을 만난 이후로 어떻게 그렇게 날음식만 먹고 동굴 속에서 날짐승들처럼 생활할 수가 있을까 동경의 대상이 되기도 하였다. 특히 3일, 5일, 10일, 3·7일, 49일 동안 물 한 모금 먹지 않고 단식하는 것을 보면 초인적인 인격을 느낄 수 있었다.

그래서 한번 기필코 부처님께서 성도 후 40일 동안 체험하였던 신비를 몸소 실천해 보고 싶어 사막지대로 들어갔다. 처음 1주일 동안은 먹고 싶고 마시고 싶고 자고 싶어 견디기 어려운 경지를 많이 겪었다.

"아, 그래서 위빠사나 하시는 분들이 지관정려(止觀靜慮)를 권했구나. 일단 먹는 것도 마시는 것도 자는 것도 중단해 보아야 먹는 것과 마시는 것, 자는 것이 얼마나 소중하다는 것을 알 수 있기 때문에 그런 말씀을 하신 것이로구나."

하고 절실히 느꼈다. 그런데 일주일이 지나고 나니 눈앞에서 먹고 싶은 것, 마시고 싶은 것, 자고 싶은 것은 다 없어져 버리는데 과거에 먹고 입고 지냈던 것이 눈앞에 삼삼하였다. 눈으로 보았던 것, 귀로 들었던 것, 코로 맡았던 것, 입으로 맛보았던 것, 몸으로 부딪쳐 보았던 것 등이 골고루 찾아지고 사찰(査察) 되었다.

그리고 다시 일주일이 지나니 겉으로 찾아지는 것은 가물가물 없어지는데 안으로 살피는 것은 없어지지 아니하였다.

다시 일주일이 지나니 속으로 살피는 일까지도 까마득히 없어졌다. 사실 안으로나 밖으로나 찾고 살필 때는 그 재미는 있었는데, 안팎으로 살피는 일이 전혀 없어지면서 그 속에서 일어나는 기쁨은 말로 표현할 수 없었다. 그리고 이 세상의 모든 것이 파도처럼 거품처럼 밀려오던 것이 결국에는 하나의 생각 바람 속에 나타난다는 것을 알게 되었다.

그리고 보니 이 몸과 마음 또한 하나의 물속에서 나타난 파도요 거품에 불과했다. 그 거품과 파도를 자기라 생각하고 헤매고 살았던 인생이 너무도 허망하였다.

제5주에 이르니 정신이 맑고 깨끗하여 기쁘고 슬픈 마음까지도 모두 없어져 버렸다. 생각이 허공처럼 텅텅 비고 아무런 소유에 대한 생각도 없고 알고 모르는 지식에 대한 생각까지도 모두 없어져 버려 그저 하나인 마음과 일치되었다. 그것이 곧 하나님의 마음이고 여호와의 심정이었다.

선구자 요한은 이러한 마음속에서 늘 길을 닦았고, 장차 올 사람을 기다렸으며, 그를 맞을 만한 사람들의 근기를 성숙시키는데 힘을 기울이고 있었다.

불교로 말한다면 56억 7천만년 뒤에 미륵부처님이 그냥 와 지는 것이 아니라 사바세계 중생들 열 가지 선근을 지어 이 세상이 천당과 같이 유순해졌을 때 와서 석가 부처님께서 제도하지 못한 중생들을 빠짐없이 제도한다 하였기 때문이다.

지금 로마 애굽 사람들의 수준으로 보아서는 메시야가 나타난다 하더라도 메시야를 알아볼 수 있는 눈이 없어 오히려 메시야를 죄인으로 취급하여 십자가에 못 박을 염려가 있기 때문이다. 그래서

"회개하라."

"하나님이 오신다."

"하나님 맞을 준비를 하라."

고 하였던 것이다. 사실 예수님도 40일 단식기도에 들어가기 전에는 '나의 모든 생명은 육신의 끈에 의하여 수없이 얽매여 있었다면 내가 이 끄나풀에서 해탈하여 생사에 자유로워질 수 있을 것인가. 중생을 위해 몸 바칠 각오가 되어 있는가. 이 세상은 악마와 같다. 힘을 기르지 못하면 그 악마에게 그만 먹혀버리고 말 것이다.'

생각하였는데 아니나 다를까 얼마쯤 지나자 유혹자가 나타났다.

"만일 그대가 하늘의 아들이라면 이 돌을 빵으로 만들어보라."

"나를 시험하는 자 누구냐. 단지 기적 속에 하늘의 아들이 들어있는 게 아니다. 악마야 그러한 일은 해낼 수 없기 때문이다."

"만일 그대가 예루살렘의 성전 꼭대기에서 땅위로 뛰어내린다면 사람들은 그대를 메시야라고 믿게 될 것이다."

"너는 만군의 주, 하나님을 시험하지 말라."

"세상을 보라. 그의 명예와 명성이 바라보고 있지 않은가. 환락과 부유를 바라보라. 만일 그대가 그것을 위하여 몸을 바

친다면 이 세상은 온통 그대의 것이 될 것이다."

"나를 유혹하는 일체의 생각들이여, 물러가라. 그것은 하나의 물거품이요 파도이다. 헛된 야심과 교만이 진리를 훼방한다는 이치를 아는가. 마군이여 물러가라."

이것은 마치 부처님께서 보리수 밑에 앉았을 때 제5일과 6일에 겪었던 일들과 꼭 같다. 다미(多眉)·열비(悅妃)·희소(喜笑), 8만4천 마군들이 비 오듯 쏟아졌으나 부처님은 이에 꿈쩍도 않고 퇴치하여 마침내 성불하여 일체지(一切智)를 형성하였던 것이다.

예수는 이로 인하여 이 몸은 중생과 세계를 위하여 기쁜 마음으로 던질 것을 각오하였고, 영(靈)을 위해 육(肉)을 죽이고 주(主)를 위하여 이 세상의 명예와 사랑, 부를 통째 바칠 것을 서원하였다.

빌라도의 재판과 십자가에서 소생

쇠가 쇠를 먹는다는 말이 있다. 실제 외국 사람이 외국에 나와 외국을 보호하면서 세금을 거두어 드리고 있는데, 같은 민족이 제 민족을 고발하여 세금을 더 많이 부과하게 하여 동족의 고통을 보태주는 일이 있다. 우리도 일제 35년간 겪은 바 있지만 로마의 지배에 있던 이스라엘 백성, 애굽 주민들 사이에서도 이런 일들이 적지 않게 있었다.

빌라도는 로마의 제5대 총독이다. 예수에 대하여 죄가 없다고 하는데도 바리새교인들은 기필코 죽여야 한다고 주장하였다.

첫째는 그가 하나님의 아들이라고 주장했다는 사실이고,

둘째는 백성들을 선동하였다는 것이었다.

서기 33년 산헤드린이 예수를 신성모독죄로 사형을 선고하자 다음날 빌라도는 정치범 시몬마기와 가룟 유다 바라바를 그의 앞에 세웠다. 그 때 예수가 나타나자 물었다.

"저 자는 누구냐?"

"나사렛 출신 예수로 자칭 유대의 왕으로서 로마제국을 능멸한 죄인입니다."

빌라도가 물었다.

"그대가 유대의 왕인가. 그대의 나라와 백성들은 어디 있는가?"

"그것은 당신의 말입니다. 왕국은 사랑과 정의가 실현되는 곳입니다."

"내가 보니 이 사람은 죄가 없도다."

하고 일어서니 군중들이 일제히 "바라바 바라바" 하고 소리친다.

유월절에는 집행되게 되어 있는 한 사람의 죄인을 반드시 풀어주는 습관이 있었기 때문이다. 바라바는 시몬 유다와 함께 로마에 대항하는 열심당원이었고, 예수는 그렇지 아니했으므로 빌라도는 대야에 손을 씻고 안나스의 의견을 따라 예수를 사형수로 결정하였다.

그래서 예수는 동족들의 시기 질투로 인하여 십자가에 매달리게 된다.

그런데 그 이면에는 요한 마가와 예수의 동생 야고보, 그리고 영주 안디바가 함께 연출하고 있었다. 사실 구약시대에는 사형자는 돌로 쳐 죽이거나 화형·참수·교살하고 신성모독자에게는 그 시체를 나무에 매달아 저주를 받게 하였다. 그러나 앗시리아·페르시아·페니키아 사람들이 사형집행 방법에 있어서 십자가형에 처했기 때문에 로마인들도 그의 노예들을 십자가형에 처했던 것이다. 요한 마가가 쓸개즙을 탄 식초를 해면에 적셔 갈대에 꿰어 예수 입에 대었으나 처음에는 거절하던 예수가 두 번째는 받아 마시고 가사상태에 빠졌다.

그곳은 아리마대 요셉(야고보)의 개인 정원식 묘지가 있는 곳으로 골고다의 언덕이었다. 예수는 서쪽, 시몬 마기는 중앙, 가룟 유다는 오른쪽에 각각 배치되었다. 그 밑에는 요한 마가 어머니 마리아, 막달라 마리아가 마지막 아이를 임신한 채 와 있었고, 시몬의 배우자 헬레나도 와 있었다.

그리고 거기서 조금 떨어져 있는 곳에는 야고보와 안디바 영주가 지켜보고 베드로를 중심한 다른 제자들은 모두 도망치고 없었다.

예수는 여섯 시간 만에 고개를 떨구었고 의식을 잃었다. 금요일 오후 3시 안식일이 시작되었으므로 유대교 법규에 의하여 세 사람의 시신을 끌어내렸다. 야고보는 유대교의 관습에 의하여 매장하겠다고 빌라도 총독에게 허가를 받아왔다. 군인들이 가서 못 박힌 자리를 확인하고 두 사람의 다리를 꺾었으나 예수는 이미 죽었는지라 다리를 꺾지 않고 옆구리만 창으로 찔러 피와 물이 흘렀다(요한 19 : 21~34).

사실 피가 나왔다고 한 것은 아직 죽지 않았다는 증거다. 그래서 뒤에 불란서에서 얻은 예수의 성의에 묻은 피는 죽은 피가 아니고 살아있던 사람의 피라고 판결을 받은 것이다(BBC 영국 국영방송).

예수는 완전히 죽지 않고 혼절(昏絶) 상태에서 끌어 내려져 그로부터 가까운 동굴 옆으로 옮겨졌다(코란).

이곳은 야고보와 영주 안디바가 이들의 안장을 위해 미리 마련해 놓았던 곳이다. 로마 형리들은 세 명의 시체를 동굴무덤에 넣고 큰 바위를 굴려 구멍을 막아놓게 한 다음 몇 명의 경비병만 남겨놓고 형장을 떠났다.

밖에서 보면 예수는 분명 매장되었고, 나머지 두 명도 생매장 되었다. 그러나 그 안에서는 야고보와 요한 마가가 시몬과 함께 부지런히 응급처치에 들어갔다. 시몬은 자기 자신이 크게 부상당한 상태였으나 고통을 무릅쓰고 미리 준비한 알로에 사제(瀉劑)로, 몰약을 진정제로 써서 예수가 마신 독이 몸에 번지기 전에 빨리 빠져나갈 수 있도록 추출해 냈다. 이윽고 예수는 깨어났다. 후에 도착한 데오다・막달라 마리아・헬레나 그리고 예수 어머니 마리아와 에세네파 신도들이 협력하여 어느 정도 기력을 회복한 뒤 동굴 밖으로 옮겨져 빠져나갔다.

유다는 목숨을 건져 동굴 밖으로 떠나는 예수를 바라보았다. 유다는 극렬한 독립운동가로 예수를 그 열혈당에 끌어들이려 무척 애를 썼던 사람이다. 그는 바로 동굴 입구 반대쪽 낭떠러지에서 뛰어내려 자살하였다. 예수는 그들의 도움으로 그곳으로부터 150km가 넘는 갈릴리로 나귀를 타고 건너갔다. 꼭 죽은 줄만 알고 있었던 제자들도 예수를 보고 깜짝 놀랐다. 그러나 당시 사람들은 예수가 다시 살아난 것 보다는 죄 없는 사람이 십자가에 못 박혀 죽은 것을 매우 안타깝게 생각하였으며, 그는 반드시 하늘의 구원으로 거듭 살아날 수 있을 것이라 믿고 있었다.

이 사실은 서기 230년경에 집필한 세스의 설교집(2권)에 구체적으로 나온다.

〈민희식 교수님의 법화경과 신약성서〉

여러 복음서의 조직

언어란 시간과 공간속에 제약이 있으나 문자는 초시간 초공간 속에서 유통하기 때문에 예수는 옛날 마니트라 스승의 말씀을 생각하면서 어록을 작성하기로 마음먹었다.

십자가형에서 소생한 지 4,5년 아직도 몸은 시원치 않지만 요한복음으로부터 시작하여 십수년에 걸쳐 여러 복음서의 집필을 지도하고 종용하였다. 그동안 자신에 대한 이야기가 지나치게 과장되어 날개 단 듯 소문이 퍼져가고 있었기 때문이다.

요한복음은 요한 마가가 쓴 것이 아니고 집필은 안나스의 친구 필립이 정리하였다. 원래 그는 쉠교단의 수장이었으나 예수가 십자가형을 받은 뒤 4년, 직접 예수의 지도를 받아가면서 글을 썼다. 특히 예수는 자신의 이적을 구약성서에 나오는 비유를 들어 자신의 말에 일찍이 귀를 기울인 자들은 대부분 알아들을 수 있도록 썼다. 사실 예수는 사회혁명이 종교혁명을 통해서 정치혁명으로 이어지기를 바랐으나 그는 사회혁명도 일으키기 전에 십자가에 못이 박혔으니 생각하면 기가 막힌 일이었다. 물을 포도주로 바꾸는 것은 기존종교를 사회혁명으로 바꾸는 한 과정이었고, 떡 다섯 개와 고기 두 마리로 5천명을 먹여 살린 기적은 모세의 전통을 뒤엎는 종교적 혁명이었다. 포도주는 사제들만이 나누어 먹는 기적의 물이고, 떡은 레위인들만 나누어 먹는 음식이었는데, 예수는 누구에게나 평등하게 나누어 주었기 때문이다. 그리고 그는 물 위를 걷고 많은 환자들을 치유하였다. 죽을 사람을 살리고, 나병환자를 고치고, 장님이 눈을 뜨고, 미친 사람들이 나았다. 모두 이것은 사실적인 것이지만 책을 읽는 사람이 신앙심을 일으킬 수 있도록 여러 가지로 구상되었다.

다음 마가복음은 마가 요한에 의해 기록된 책이다. 베드로의 통역자이면서 동역자였는데, 베드로가 기억한 것을 정확하게 기록하였다고 한다. 마가는 베드로의 아들이라고 부를 정도로 가까이 지냈다. 예수를 직접 만난 적이 없기 때문에 베드로가 뒤에서 도왔다. 그런데 쿠르트 니더빔머는 마가복음이 2세기경 소아시아에서 영지주의자들을 대항하기 위하여 피피아스가 고안해낸 문학작품이라고 이해하고 있다.

누가복음은 사랑하는 의사 누가가 집필하였다. 마가복음을 배경으로 반 이상 표절하여 생생하게 묘사하여 예수님의 지상생활을 최고조로 정비한 문학작품으로 보고 있다.

그리고 마태복음은 아나스의 형제 중 마태가 집필하였다. 로마정권하에서 5형제가 모두 사제직을 맡았던 사람들인데 그 가운데 요나탄과 마태가 가장 두드러졌다. 마태는 헤로데 아그리파에 의하여 면직 될 때까지 대사제직을 하고 있었고, 그러면서도 예수의 일을 도왔다. 그래서 그 이름을 딴 마태복음서가 그의 손에서 나오게 된 것이다. 사실 그는 예루살렘 재무부에서 직접 세금을 징수하는 일을 맡아했으므로 사람들은 그를 로마정권의 앞잡이로 생각하고 있었다. 그런데 그 때 예수가 현장에서 그를 불러 그의 제자가 된 것이다.

이 책은 이방인들과 아직 그리스도인이 되지 않은 자를 염두에 두고 메시야적인 예수를 부각시켜 주고 있어 혹 그 기록 장소가 팔레스타인이 아닌가 추정하는 이도 있다.

끝으로 사도행전은 누가가 썼다. 그는 집필 중 바울과 베드로와 함께 의논해 가며 썼던 것이다. 예루살렘에서 시작하여 유대 사마리아를 거쳐 로마 등 땅끝까지 전파되고 있는 설교 역사를 기록하고 있다.

그런데 예수가 생각해보니 요한복음과 사도행전이 써지는 시간이 장장 15년 세월이나 걸렸다. 만일 그것이 일반신자들의 손에 들어가기까지에는 더 많은 시간이 걸렸을 것이다. 그 동안 세상도 많이 변했지만 사람들도 달라졌다. 그러니 그 글인들 어찌 그대로 있었다고 볼 수 있겠는가. 오자 탈자는 말할 것도 없지만 왜곡된 사실 또한 적지 않았다. 그래서 현대의 원문학자나 비평가들도 복음서가 변경된 건수가 적어도 20만건 내지 30만건에 달한다고 밝히고 있다.

특히 요한복음 속에 들어 있는데, 첫째는 "간음한 여자"다. 전혀 자신과는 관계없는 일인데 그래도 "너희들 가운데 죄 없는 자는 여인에게 돌을 던지라" 하여 예수다운 답변을 하였다고 평가하고 있으나 예수는 일찍이 이런 여자를 만난 일이 없다고 하였다. 그래서 원래 요한복음에 없던 것이 언젠가 누군가에 의해 삽입된 이야기로 판정이 났다.

둘째는 십자가형에서 내려진 이후의 일이다. 예수는 이미 야고보·요한·마가 그리고 영주 안디바에 의해 살아나 갈릴리로 떠난 뒤인데 "막달라 마리아가 먼저 보고 가서 마리아에게 고하니 듣고도 믿지 않았다. … 예수께서 다른 모양으로 나타나 두 사람이 가서 다른 제자들에게 고하니 역시 믿지 아니하였다. … 그 후 열한 제자가 음식을 먹을 때 자신들의 믿음 없고 완악함을 꾸짖었다. … 너희는 만천하에 다니며 만민에게 복음을 전파하라. 믿지 않는 사람은 정죄를 받으리라. 믿는 자에게는 이런 표적이 따르리니 곧 저희가 내 이름으로 귀신을 쫓고 새 방언을 통해 뱀을 잡으며, 무슨 독을 마실지라도 해를 받지 않으리라. … 주께서 말씀하신 뒤 하늘로 올라가서 하나님의 오른쪽에 앉으셨다."(마가복음 16 : 9~20)

이런 이야기 때문에 예수는 매우 걱정하였다. 있지도 않은 일들이 꾸며져 들어가 있으니 말이다.

또 예수의 십자가 사건의 주범인 시몬마기는 열심당원의 당수로서 예수와 가깝고도 먼 사이었다고 한다. 그래서 시몬은 해독제와 마취제로 실신한 예수를 소생시켜준 은인이라고까지 칭송하였다. 그러나 실제 그는 예수의 죽음과는 관계가 없이 열심당원으로서 로마와 싸우던 민족주의자로 알려졌다. 그러나 시몬은 바울에게 새 종교를 전파하는데 있어 육체적 부활 같은 신화의 필요성을 역설하였기 때문에 이같은 기록이 나타난 것이 아닌가 생각되었다.

예수의 12대 제자는 아니지만 로마 시민으로서 기독교인들을 박해했던 바울은 다시 예수를 잡아 다시 한 번 십자가에 매달기 위해 다마스쿠스에 갔던 사람이다. 그런데 예수를 한 번 만나보고 그 마음을 바꾸어 오늘의 기독교가 이룩될 수 있는 기초를 다졌다.

서기 17년 소아시아 남부 타르소에서 출생하여 이름을 사울이라 하였는데, 그는 조상 대대로 바리새파 베냐민 교단원이었다. 진보적 소질을 가진 그리스파 반유대인 쪽에 있으면서 그들의 지도자 예수를 증오하였다. 왜냐하면 예수는 태어나면서부터 사생아 무적자의 모략에 시달리고 있었기 때문이다. 오히려 그는 예수의 동생 야고보를 다윗의 정통후계자로 생각하였다.

서기 40년 다마스커스에서는 헤로데식 달력에 의하여 최후의 심판이 이루어지는 시기로 보았는데, 그 예언이 적중하지 않아 각 지역 교단지도자들이 모여 합동회의를 하는 자리였다. 그 때 예수가 그곳에 동참하였다가 사울을 보고 말했다.

"사울아, 네가 어찌하여 나를 핍박하느냐?"

"당신은 율법을 어기고 성전을 모독하고 이단의 행을 하였기 때문이오."

"법이 없으면 죄가 없나니 선 때문에 악이 있느니라."

사울은 시몬 마기의 도움을 받아 이름을 바울로 바꾸고 입교한다. 그래서 그는 유대인이나 그리스인이나, 종이나 주인이나, 남자나 여자가 그리스도 안에서 모두 하나가 되는 것을 깨달았다. 그러나 오랜 세월 유대교와 페르시아 조로아스터교·미트라교, 이집트의 알렉산드리아의 영향을 받아 죽은 사람들에 대한 부활론을 주장하는 설교가 되었던 것이다. 말하자면 예수는 바울에 의하여 하나님의 아들이 되고 전능하신 신이 되었으며, 세계만민을 구원하는 구원자가 된 것이다.

외도적인 성찬의식(聖餐儀式)

성찬의식은 기독교인들이 성찬식이나 기도의 일부로써 식사하는 방법이다.

주 예수께서 잡수시던 밤에
떡을 가지사 축사하시고 떼어 가라사대
이것은 너희를 위한 내 몸이니
이것을 행하여 나를 기념하라 하시고

식사 후에 또한 이와 같이 잔을 가지시고 가라사대
이 잔은 내 피로 세운 새 언약이니
이것을 행하여 마실 때마다
나를 기념하라 하였다.
〈고린도후서, 마태·마가·누가〉

그러나 이것은 기독교의 의식이 아니라 유대식 식사법이다. 유대인들은 먼저 포도주를 따라 놓고 축사를 하고 빵을 뜯어 나누고 축사하는 것으로 식사한다. 이것이 성찬식이다.

바울 이전의 기독교에서는 전혀 이러한 의식이 없었다. 그런데 바울이 "다윗의 성스러운 포도나무인 당신의 아이 예수를 우리에게 주신 하나님 아버지께 감사하고 당신의 아이 예수를 통해 우리에게 알게 해준 삶과 앎에 대해 하나님 아버지께 감사한다." 하였다.

여기서 포도주는 사람의 피를 상징하고 빵은 사람의 살로 이해되었다. 유대교에서도 이것을 용납지 않는다. 모세의 성찬은 피 마시는 것을 철저히 규제하였기 때문이다. 고기도 모세의 율법에서는 도살하고 나서 피를 쭉 뺀 뒤 먹도록 허용하고 있었다.

레위기에 말하지 않았던가.

"무릇 이스라엘 사람이나 그들 중 어떠한 사람이라도 피를 먹는 자가 있으면 내가 진노하여 그 백성들 중에서 끊으리라."

그렇다면 이 풍습이 어디서 연유되었는가. 고대 이집트 이시스 여인이 그녀의 배우자 오자리스의 피를 상징하는 포도주를 마심으로써 그와 결합하는 것을 나타내고 있는데 바울은 본래 소아시아 타르소 사람으로 그리스와 로마 이집트 문화에 익숙한 사람이므로 당시 로마 조로아스터교의 미트라교와 연관하여 도입된 것이 아닌가 생각된다.

"나의 살을 먹지 아니하고
나의 피를 마시지 않는 자는
나와 하나 되어 내 안에 거하지 못하고
나도 그 안에 거하지 아니할 것이다."
〈미트라 성찬의식〉

바울은 신생기독교를 신속히 전파하기 위하여 이런 성찬의식을 만들어 차용하였는지는 알 수 없으나 결코 이것은 기독교 성찬의식이 될 수 없다.

설사 그 의식이
"저희가 먹을 때에 예수께서 떡을 가지사
축복하시고 떼어 제자들에게 주시며 가라사대
'받으라 이것이 내 몸이니라' 하시고
잔을 가지사 사례하시고 저희에게 주시니
다 이를 마시며
'이것은 많은 사람들을 위하여 흘리는바 나의 피이니라'

라고 변형되었다 하더라도 이것은 정통 기독교에서 받아들일 수 없는 성찬의식이다 하였다.

〈목영일 박사, 예수의 마지막 오딧세이〉

길 잃은 양들

 현재 세계에서 가장 큰 영향력을 가진 민족을 들라 하면, 누구나 이스라엘 애굽 민족을 들고 있다. 그들은 실제 수는 많지 않지만 정치·경제·사회적인 면에서 가장 큰 영향력을 미치고 있기 때문이다.
 서기 30년대 팔레스티나 지역에서 신흥종교 그리스도교가 시작되어 급히 교세를 확장하자 당시 사람들은 두 가지 측면에서 큰 기대를 가지고 있었다.
 첫째는 로마의 학정을 받던 민족의 해방이고,
 둘째는 율리우스력에서 이야기하는 통칭 천지창조 4천년에 일어나는 천지개혁이 일어나면 로마인들을 중심으로 세계를 압박하던 모든 패권주의자들은 모두 죽고 선량한 사람들만이 살아남을 것이라고 믿었다. 그러나 그것은 때가 지나도 감감하기 때문에 일찍부터 흩어져 살았던 팔레스티나 사람들은 동서남북으로 뿔뿔이 헤어졌다.
 예수의 영향을 크게 받은 바울은 공격적인 선교활동으로 소아시아 지중해 연안에서 많은 이교도들을 개종시켰고, 희대의 병치료자이면서 마술사였던 시몬마기는 예수와 같이 유대교의 형식주의(할례 같은 것)를 반대하면서도 로마와는 무력투쟁을 계속하였으며, 예수의 동생 야고보는 바리새교인과 같이 유태교의 규율을 엄격하게 지키며 포교하였다. 그러나 나라의 처지가 너무도 암울하기 때문에 그들은 때로 자기 지파에 집착하면서도 때로는 모였다 흩어졌다 하기를 거듭하면서 흉흉한 민심을 수습하는데 안간힘을 썼다. 예수는 어떻게 하여야 이 길 잃은 양들을 한데 모을 수 있을까 고민하였다.

그러나 BC. 6세기 구약시대부터 뿔뿔이 흩어져 살던 유대인들은 흩어져 사는 것이 오히려 편했는지도 모른다. BC. 1300년 아브라함 3대 야곱이 그의 처첩으로부터 12명의 아들을 낳아 12지파가 형성되어 솔로몬 시대에 잠깐 합쳐졌지만 721년 북·이스라엘이 앗시리아에 정복당하고 많은 유대인들이 메소포타미아로 흩어졌다. BC. 597년 남유다 왕국에서 바빌론의 느부갓네살 왕에게 점령되어 솔로몬 성전이 파괴되고 많은 유대인들이 포로로 끌려가 바빌로니아에서 포로생활을 하게 된다.

비록 539년 페르시아의 고레스대왕이 은혜를 베풀어 바빌로니아에 잡혀갔던 유대인들이 해방되기는 하지만 본국으로 돌아온 사람들보다는 더더욱 멀리 떠난 사람들도 많다. 12지파 중 유다지파와 베냐민지파 2지파만 그것도 소수가 팔레스티나에 들어왔기 때문이다. 나머지는 알렉산드리아를 중심으로 이집트 북부·예멘·에디오피아·아르메니아·소아시아로 흩어지고 동쪽으로는 아프가니스탄·인도 서북부·우크라이나 심지어는 중국 서부에도 와서 자리잡았다.

그래서 유대인을 통틀어 디아스포라(이산가족·유랑민), 베네 이스라엘(이스라엘 자식들), 잃어버린 열부족이라 부르고 있다.

12사도라는 것도 마찬가지다. 사실은 열두 제자라는 말보다는 이스라엘을 대표한 항의 지도자들의 모임이라 하여도 과언이 아니었다. 베드로·시몬, 그의 형제 안드레, 세베대의 아들 야고보, 그의 형제 요한, 빌립과 바돌로메, 도마와 세리, 마태, 알패오의 아들 야고보와 다대오, 가나안의 시몬과 가롯 유다… 이 모든 사람들이 대부분이 다른 단체들의 우두머리였다.

사실 이들은 서기 20년대 세례요한을 배경으로 조직된 합의체였다. 어떤 이는 나라의 독립을 위해 무력투쟁을 선동하고 있었고, 또 그 속에는 히브리파와 그리스파가 있어 예배할 때도 읽고 외우는 성전의 언어가 달랐고, 남녀가 혼합하는 단체가 있는가 하면 여자는 배제시키는 단체가 있었다.

그러나 나라가 위기에 처해 있는데 그러한 것 가지고 왈가왈부할 수가 없었기 때문에 어떤 때는 합했다가 어떤 때는 떨어졌다 하면서도 동일한 목적을 가지고 있었다. 예수는 이들을 대표할 의장으로 특히 세례요한이 돌아가신 이후로는 사실적인 주인공이 되어 하나가 되기를 바랐으나 가롯유다·시몬마기·다대오·야고보·(요나탄 안나스)·도마·마태 등은 대표적인 지도자였고 나머지 6명은 낮은 계급의 사람으로 독신자도 있고 결혼한 사람도 있었다.

예수는 북으로 시리아, 남으로 이집트, 서로 로마, 동으로 인도 등을 다니면서 보아야 할 것은 거의 다 보았고, 들어야 할 것은 거의 들었지만 막상 흩어진 민족을 하나로 묶는다는 것은 결코 쉬운 일이 아니었다. 어떻든 이대로 살 수 만은 없어 그의 마지막 생을 동방 카쉬카르로 가서 회향할 것을 생각하고 멀리 예루살렘 성전에 나아가 인사하고 시리아·다마스커스를 거쳐 안디옥으로 간다. 안디옥 가버나움에는 두 번째 큰 선교본부가 있었기 때문이다. 거기서 베드로·바울·바라바·누가 등이 모여 제2 포교전략을 세우고 제자들과 의논하여 도마가 있는 탁실라로 갈 것을 예고하고 야고보에게 모든 것을 맡겼다.

사랑하는 제자 도마

　실크로드는 BC. 326년 알렉산더 대왕이 북부 인도 절룸강까지 길을 튼 뒤 중국에서는 전한 무제 때 장건이 중앙아시아를 건너와 통로가 만들어진 곳이다. 그러니까 로마에서부터 시작하여 지중해 연안을 거쳐 페르시아 서아시아 그리고 중앙아시아를 가로 질러 장장 12000km가 넘는 육상 교역로였다. 즉, 동양의 비단과 모피·귀금속·철기·도자기·계피·대황·철기·청동으로 된 각종 무기 등이 서쪽으로 가고, 잡화와 음악·춤 등이 동쪽으로 와 말 그대로 동서양의 문명의 교차지였다.
　일찍이 그는 배를 타고 가버나움에 와서 카라반 상인들을 따라 티베트·인도를 거친 일이 있었기 때문에 먼저 약 600km 지점인 카쉬카르에 가서 다시 자뮤-카쉬미르로 가기로 작정하였다. 카라반들의 목적지는 중국의 시안이었지만 카쉬카르까지 가는 길은 에데싸·나시비스·테시폰수사·이씨티스·니샤프르·머브·부카라·사마르칸트였기 때문에 지도를 펴놓고 대상들의 가르침을 받았다. 시간은 카쉬카르까지 약 넉 달, 거기서 탁실라까지 두 달 하여 잘 가면 6개월 정도에 갈 수 있다 하였다. 그래서 낙타 한 마리와 나귀 두 마리, 그리고 건장한 안내자 나훔 아비자를 만났다. 그는 히브리어,

아랍어도 할 줄 알았고 낙타몰이에도 자신이 있는 청년이었다. 예수는 '유즈 아사프'라는 이름으로 나홈과 함께 차를 마시며 이야기를 나눈 뒤 서기 58년 봄 40여명의 카라반과 함께 길을 떠났다. 멀리 토러스산맥·시필러스산을 북쪽으로 바라보면서 그 복판을 흐르는 오를테스강을 건너 끝없는 초원길을 걸었다.

또 얼마쯤 가다가 동쪽으로 가니 에데싸가 나왔다. 산악지대에서는 걷고 평지에서는 짐승들을 탔다. 때로는 모래 폭풍이 불어오기도 하고 꽃이 만발한 초원을 지나기도 하고, 우거진 정글을 지나면 시원한 바람이 불기도 하였다. 또 살을 에는 듯한 찬바람이 부는 가운데서도 호랑이 같은 짐승들이 나타나 혼비백산하기도 하였다. 대개 이렇게 낮에는 걷고 밤에는 쉬었지만 어떤 곳에서는 밤낮이 바뀌는 경우도 있었다. 유프라테스강을 건너 니시비스까지 오는데 두 달 가량 걸렸는데, 거리로 보면 1000km정도 왔으니 정말로 먼 여행길이었다. 앗시리아로 들어서면서 방향은 남쪽으로 굽었다. 테사폰에 이르러 2,3일 쉬어 20여 일을 더 가서 페르시아의 수사에 도착하였다. 조로아스터교가 있는 땅이다. 카라반이 물었다.

"선생님 조로아스터교와 하나님과 무슨 차이가 있습니까?"

"조로아스터교는 기원전부터 유태교와 함께 중동아시아에서 만들어진 것인데 침례·성찬·부활·영성·인간의 구원을 위해서 죽었던 짜라투스트라가 처녀 수태하여 최후의 심판을 주장한 것인데 일찍이 로마 그리스에도 들어갔고 그곳에서 파생한 시리아 미트라교이다. 그러나 기독교의 하나님은 갑자기 생긴 게 아니고 옛날부터 그대로 계셨기 때문에 이 이후에도 항상 그대로 있으며 세상과 이웃을 사랑하는 것이니 그것이 다른 점이다."

수사를 떠나니 수메르의 옛 도시 우르에 이르렀다.

"선생님, 이 동내에서 우리 조상 아브라함이 살았습니다."

"그래 큰 기근이 닥쳐 가나안 지방으로 이주하였지!"

이렇게 이야기를 주고받는 사이 말들은 니시비스에서 티그리스강을 끼고 한 달 이상을 걸어온 길을 거슬러 올라갔다. 서북쪽 에데싸 근방 하란에서 한동안 쉬었다가 가나안으로 갔는데 길거리가 거의 2000km는 되는 것 같았다. 이싸티스 정유장에 이르러 며칠을 쉬었다. 니샤프르를 지나 호리산 고원을 통과하니 험준한 산악이 나와 기상도 악화되었고, 다섯의 카비르사막과 룻사막을 지날 때는 짐승들도 힘겨워했다. 마침내 니샤프로 오아시스에 도착하니 고기·생선·과일·채소 등이 있는 카라반 세라이라 부르는 넓은 뜰이 있었다. 여기서 영양보충하고 몸이 아픈 분은 쉬어가기도 하고 치료하기도 하였다.

"지금부터는 고산준령을 넘어야 하니 자신 없는 분은 여기서 치료하며 다음 대상들과 같이 오시고, 이 또한 어려우신 분들은 고향으로 돌아가는 대상들과 함께 고향으로 가시는 것이 좋겠습니다."

카라반대장의 말을 들은 두세 사람은 그곳에 더 남아 치료하기로 하고 나머지는 또 떠났다. 산은 아름다우나 너무도 기복이 심해 호흡이 곤란하였다. 기습하는 모래폭풍, 찌는 듯한 바위산길, 방향을 알 수 없게 하는 눈보라, 천 길 낭떠러지를 위태위태 걸어가는 여행객들은 마치 허공에서 줄을 타는 듯 움찔움찔하였다. 그 속에서도 여우의 울음소리 호랑이 메아리가 가슴을 철렁하게 하였으나 어떻게 어떻게 본능적으로 걷다보니 머브·부카라를 거쳐 사마르칸트에 와 있었다. 사람들은 지칠 대로 지쳤으나 큰 상처는 없고 단지 말과 낙타 몇 마리만 모래폭풍 속에서 소멸되었다.

여기서 다시 우루무치를 지나 툰황으로 가는 길이 있고, 동남쪽으로 걸어 아르칸트로 가는 길이 있었다. 아르칸트는 파미르고원과 타클라마칸 사막의 접경지대를 지나 야르칸트강을 끼고 서남쪽으로 흘러갔다. 그래서 훈자강을 건너고 카라코람산맥을 넘어 길기트를 지나면 인더스강이 나오고 인더스강 건너에 탁실리가 있었다. 그러니까 20여일만 가면 일차 목적지에는 도착될 것 같았다. 해발 4000~8000km가 넘는 산악지대를 거쳐서 길기트에서 4년 동안 단식으로 고행하던 수행자를 구하고 곰파수도원을 지나 비로소 나홈에게 자신의 신상을 밝힌 뒤 탁실라왕국에 서기 58년 겨울에 도착하였다.

그 나라에는 파르티아 사람 곤다파로스(곤도 포로네스)왕이 다스리고 있었다. 그는 먼저 점유하고 있던 사카스족을 평정하고 서북 인도를 통치하고 있었다.

사도 도마는 원래 건축가였는데 헤로데 안디바 집권 당시 세포리스나 카이사리아 마리티마 같은 큰 도시의 건설을 맡아 한 일이 있기 때문에 인도 상인 아다네스의 요청으로 인도에 와서 곤다파로스왕의 궁전을 건설하게 되었다. 52년 말리바에 처음 교회를 세우고 디아스포라 이산유대인에게 복음을 전하다가 남부 마드라스에 가서도 선교하였다.

56년 트라방코어에 가서 인도사람들에게 처음 세례를 주고 그 후 펀잡국 탁실라에 정착하여 목회활동을 하였다.

예수가 도마 집에 이르렀을 때 두 노인은 끌어안고 한참동안 말을 잇지 못했다. 한참 있다가 20여년간 인도에서의 외로운 생활을 고백하고 함께 지내게 되었는데, 예수와 너무도 닮아 착각한 사람들도 있었다.

특히 왕의 동생 가드의 아들 결혼식에 동참했다가 도마가 떠난 뒤 신랑이 인사드리자 "나는 도마가 아니고 예수라는 사람이오." 하여 크게 웃은 일이 있다.

예수는 그 뒤 카쉬미르에 가 있을 때도 종종 도마 집을 찾았고, 예수가 입멸할 때도 도마가 함께 와 임종하였는데, 도마는 예수님 보다 1년 뒤에 입멸하였다.

예수님 제자들 가운데서 가장 오랜 세월 같이 살면서 의논하고 지도를 받아 그가 쓴 복음서가 어느 복음서보다도 가장 신빙성이 있고 사실에 가까우므로 다음 장에 도마복음서를 있는 그대로 소개하겠다.

진정한 역사 도마복음서

이것들은 살아 계신 자 예수가 말했고 디듀무스 유다 도마 (Didymus Judas Thomas)가 기록한 비밀의 말씀들이다.

1. "이 말씀들의 해석을 발견하는 자는 누구든지 결코 죽음을 맛보지 않을 것이다."

2. "찾는 자는 그가 발견할 때까지 중지하지 말라. 그가 발견하면 그는 걱정하게 될 것이다. 그가 걱정하게 되면, 그는 놀랄 것이다. 그러면 그는 우주를 다스릴 것이다."
〈예수의 말〉

3. "(1) 너희를 유혹하는 자들이 너희에게 '보라, 왕국이 하늘에 있다!'라고 말한다면, 하늘의 새들이 거기서 너희 앞에 있을 것이다. 만일 그들이 너희에게 '그것은 바다 속에 있다!'라고 말한다면 - 물고기가 거기서 너희 앞에 있을 것이다. 그러나 왕국은 너희 안에 있다 - 그리고 너희밖에도 있다. (2) 만일 너희가 너희 자신을 안다면 알려질 것이고 너희가 살아 계신 아버지의 아들들이라는 것을 알 것이다. 그러나 만일 너희가 너희 자신을 알지 못한다면, 너희는 결핍

속에 있고 너희 자신이 결핍이다." 〈예수의 말〉

4. "날이 찬 노인은 7일 된 아이에게 삶의 장소에 관하여 묻기를 주저하지 말라. 그러면 그는 살 것이다. 먼저 된 많은 사람이 나중 될 것이고 그들은 단일한 자가 될 것이기 때문이다." 〈예수의 말〉

5. "너희 앞에 있는 것을 인지하라. 그러면 감추인 것이 너희에게 알려질 것이다. 감추인 것이 드러나지 않을 것이 없기 때문이다." 〈예수의 말〉

6. 그의 제자들이 예수에게 질문하였다.
"당신은 우리가 금식하기를 원합니까? 어떻게 우리가 기도하고 자선을 베풀까요? 그리고 우리가 무엇을 먹고 살까요?"
"거짓말하지 말고 너희 자신에게 해로운 것을 [다른 사람들에게] 행하지 말라. 이 모든 것들은 하늘에 계신 분 앞에서 드러날 것이기 때문이다. 숨긴 것이 드러나지 않을 것이 없고 감추인 것이 널리 빛나지 않을 것이 없다."

7. "사람이 먹는 사자는 복되다. 그래서 사자가 사람이 되기 때문이다. 그러나 사자가 먹는 사람에게 화가 있다. 그래서 사람이 사자가 되니까!" 〈예수의 말〉

8. 다음에 그가 말했다. "사람은 그의 그물을 바다에 던지는 현명한 어부와 같다. 그는 작은 고기들로 가득 찬 바다로부

터 그물을 끌어 올려, 그 가운데서 이 현명한 어부는 한 마리 크고 좋은 고기를 발견하였다. 그는 작은 고기들을 모두 바다 속에 도로 던졌다. 주저하지 않고 그는 그 큰 고기를 선택했다. 들을 귀 있는 자는 들으라!"

9. "보라, 씨 뿌리는 자가 나갔다. 그는 (씨들을) 그의 손에 가득 채웠고 뿌렸다. 어떤 것들은 길 위에 떨어졌다. 새들이 와서 그것들을 쪼아먹었다. 어떤 것들은 바위 위에 떨어졌다. 그것들은 땅속에 뿌리를 내릴 수가 없었고 하늘을 향하여 이삭들을 내지 못하였다. 어떤 것들은 가시덤불 가운데 떨어졌다. 가시덤불들이 씨들을 질식시켰고 벌레가 그것들을 먹어 치웠다. 그러나 어떤 것들은 좋은 땅에 떨어졌다. 그것은 좋은 열매를 내었다. 그것은 60배, 100배, 200배의 열매를 맺었다." 〈예수의 말〉

10. "나는 세상에 불을 질렀다. 보라, 나는 그것이 불타오르기까지 그것을 주시하고 있다!" 〈예수의 말〉

11. "(1) 이 하늘은 사라질 것이고 하늘 위에 있는 것도 사라질 것이다. 그리고 죽은 자들은 살아 있지 못하고 살아 있는 자는 죽지 않을 것이다. (2) 오늘 너희는 죽은 것들을 먹고 그것들을 살게 만들 것이다. 그러나 너희가 빛 안에 있을 때, 너희는 무엇을 하겠는가? 너희가 하나였던 날에, 너희는 둘이 되었다. 그러나 너희가 둘이 되었을 때, 너희는 무엇을 하겠는가?" 〈예수의 말〉

12. 제자들이 예수에게 말했다.
"우리는 당신이 우리를 떠나려 하는 것을 압니다. 그러면 누가 우리들의 우두머리가 될까요?"
"너희가 가는 곳에 의인 야고보에게 가라. 그를 위하여 하늘과 땅이 똑같이 만들어졌다."

13. 예수가 그의 제자들에게 말했다.
"내가 누구와 같은지 비교하고 내게 말하라."
시몬 베드로가 그에게 말했다.
"당신은 거룩한 천사와 같습니다."
마태가 그에게 말했다.
"당신은 현인과 같습니다.
도마가 그에게 말했다.
"선생님, 내 얼굴은 당신이 누구와 같은가를 전혀 파악할 수 없어서, 나는 그것을 표현할 수가 없습니다.
예수가 말했다.
"나는 너의 선생님이 아니다. 너는 마시고 있었기 때문이다. 너는 내게 속하고 내가 널리 퍼뜨린 넘치는 샘에 도취되어 있다."
그 다음에 그는 그를 잡아 그 옆에 끌어 당겨 그에게 세 마디 말을 하였다. 도마가 그의 동료들에게 돌아왔을 때, 그들은 그에게 물었다.
"예수가 너에게 무어라고 말했는가?"
"만일 내가 너희에게 그가 내게 한 말들 중 한 마디를 말한다면, 너희는 돌들을 들어서 내게 던질 것이다. 그러면 불이 돌들로부터 나와서 너희를 태워 버릴 것이다!"

14. "너희가 금식할 때, 너희는 너희 자신에게 죄를 지을 것이다. 너희가 기도할 때, 너희는 정죄를 받을 것이다. 너희가 자선을 베풀 때, 너희는 정신을 해칠 것이다. 너희가 어떤 지방에 들어가서 그 시골을 통과할 때, 너희가 영접을 받을 때, 너희 앞에 있는 것을 먹고 그곳에 있는 병자들을 치료하라. 너희의 입으로 들어가는 것은 아무 것도 너희를 더럽히지 않을 것이고, 너희의 입에서 나오는 것이 너희를 더럽힐 것이기 때문이다." 〈예수의 말〉

15. "너희가 여인에게서 태어나지 않은 자를 볼 때, 너희의 얼굴을 땅에 대고 꿇어 엎드려 그를 찬양하라. 그는 너희의 아버지이기 때문이다." 〈예수의 말〉

16. "진실로 사람들은 내가 세상에 평화를 주러 왔다고 생각한다. 그러나 그들은 내가 세상에 불·칼·전쟁을 주러 왔다는 것을 깨닫지 못한다. 진실로 만일 한 집안에 다섯이 있다면, 그들은 셋이 둘과, 둘이 셋과—아버지가 아들과, 아들이 아버지와 싸울 것이다. 그리고 그들은 단독으로 서 있을 것이다." 〈예수의 말〉

17. 나는 눈으로 결코 보지 못한 것, 귀로 결코 들어보지 못한 것, 손으로 결코 만져 보지 못한 것, 사람의 마음에 결코 만져 보지 못한 것, 사람의 마음에 결코 들어가 보지 못한 것을 너희에게 주겠다." 〈예수의 말〉

18. 제자들이 예수에게 말했다.

"우리의 끝이 무엇과 같을지 말해 주십시오."

"그러면 너희들이 끝에 관하여 질문하기 위하여, 시작의 베일을 벗겼는가? 시작이 있는 곳에 끝이 있을 것이기 때문이다. 시작에 서 있는 자는 행복하다. 그는 끝을 알 것이고 죽음을 맛보지 않을 것이기 때문이다."

19. "(1) 태어나기 전에 존재했던 자는 행복하다. (2) 만일 너희가 내 제자가 되고 내 말을 듣는다면, 이 돌들이 너희를 섬길 것이다. 너희는 여름이나 겨울에 확고부동한 낙원에서 다섯 나무들을 소유할 것이고, 그것들의 나뭇잎들이 떨어지지 않을 것이다. 그것들을 아는 자는 죽음을 맛보지 않을 것이다." 〈예수의 말〉

20. 제자들이 예수에게 말했다.

"하늘 나라가 무엇과 같은지 말해 주십시오."

"그것은 모든 씨들보다 더 작은 겨자씨 한 알과 같다. 그러나 그것이 경작지에 떨어지면, 그것은 큰 가지를 내고 하늘의 (그) 새들을 위하여 피난처를 마련한다."

21. (1) 마리아가 예수에게 말했다.

"당신의 제자들은 누구를 닮는가?"

"그들은 그들에게 속하지 않은 밭으로 나간 아이들과 같습니다. 밭의 주인들이 왔을 때, 그들(아이들)은 말할 것입니다. '우리에게 우리의 밭을 맡기시오!'라고. 그러자 주인들은 그들에게 그들의 밭을 맡기기 위하여 그들 앞에서 포기하고 그것을 그들에게 인계합니다. (2) 그러므로 나는 너희에게 말한다. 만일 집주인이 도둑이 오고 있다는 것을 안다면, 그는 깨어 있을 것이고 도둑이 그의 왕가에 침입하여 그의 재산을 가져가지 못하게 할 것이다. 이처럼 너희는 체면 불구하고 조심하여야 한다. 너희 허리띠를 세게 매어 도둑들이 너희를 붙잡지 못하게 하고, 너희가 그것을 위하여 준비한 이익을 붙잡으라. (3) 너희 가운데 이해력이 있는 사람이 있다면, 열매가 익었을 때, 그는 손에 낫을 들고 급히 나가서 그것을 베어들였을 것이다. 들을 귀 있는 자는 들을지어다!"

22. 예수는 몇몇 어린이들을 품에 안고 보았다. 그는 그의 제자들에게 말했다.

 "품에 있는 이 어린이들은 왕궁에 들어가는 자들과 같다."
 "그러면 우리가 어린이들처럼 왕국에 들어갈까요?"
 "너희가 둘을 하나로 만들고, 안을 밖처럼, 밖을 안처럼, 위를 아래처럼 만들고, 남자와 여자를 하나로 만들어서 남자가 더 이상 남자가 아니고, 여자가 더 이상 여자가 아닐 때, 그리고 너희가 한 눈 대신 눈들을, 한 손 대신에 한 손을, 한 발 대신에 한 발을, 한 형상 대신에 한 형상을 만든다면, 너희는 왕국에 들어갈 것이다."

23. "나는 너희들 1천명 가운데 하나, 2천명 가운데 둘을 선택할 것이다. 그리고 그들은 단일한 자로서 서 있을 것이다." 〈예수의 말〉

24. 그에 제자들이 그에게 말했다.
"당신이 계신 곳을 우리에게 보여주십시오. 우리는 그것을 찾고 있기 때문입니다."
"귀가 있는 자는 들을지어다! 빛의 사람 속에 빛이 있고, 그것이 온 세상을 비친다. 그것이 온 세상을 비치지 않으면, 그것은 암흑이다."

25. "너희 형제들 너희 자신의 영혼처럼 사랑하라. 그를 너희의 눈동자처럼 지켜라." 〈예수의 말〉

26. 너희는 형제의 눈 속에 있는 티는 보면서 너희 자신의 눈 속에 있는 들보는 보지 못한다. 너희가 너희 자신의 눈으로부터 들보를 제거한다면, 너희는 너희의 형제의 눈으로부터 티를 제거할 수 있을 것이다." 〈예수의 말〉

27. 만일 너희가 세상과의 관계에서 금식하지 않는다면, 너희는 왕국을 발견하지 못할 것이다. 만일 너희가 참된 안식을 지키지 않는다면, 너희는 아버지를 보지 못할 것이다."
〈예수의 말〉

28. 나는 세상의 한 가운데 서 있었고, 나는 육 안에서 나 자신을 이것들에게 나타냈다. 나는 그것들이 모두 취해 있는 것을 발견하였다. 나는 그들 가운데 아무도 목마르지 않을 것을 발견하였다. 그리고 나의 영혼은 사람들의 자녀들을 위하여 슬퍼하였다. 왜냐하면 그들은 마음에 있어서 눈이 멀고 보지 못하기 때문이다. 그들은 세상 안에 빈손으로

들어왔기 때문에, 그들은 빈손으로 세상밖에 나가려고 노력한다. 그러나 어떤 사람이 와서 그들을 바로잡기를! 그래서 그들이 푹 자서 술기운을 없앤다면, 그들은 회개할 것이다." 〈예수의 말〉

29. "만일 육이 영을 위하여 존재 속에 들어왔다면, 그것은 하나의 기적이다. 그러나 만일 영이 육을 위하여 [존재 속에 들어왔다면] 그것은 기적 중의 기적이다. 나는 어떻게 이 큰 부요가 이 가난 속에 거주하였는지 감탄한다."
〈예수의 말〉

30. "세 신들이 있는 곳에 신들이 있다. 둘이 또는 [심지어] 하나가 있는 곳에, 내가 그와 함께 있다." 〈예수의 말〉

31. 예언자는 그 자신의 마을에서 환영받지 못한다. 의사는 그를 알고 있는 자들에게 치료를 행하지 못한다."
〈예수의 말〉

32. "높은 산 위에 세워지고 잘 요새화된 도시는 무너질 수 없고 숨겨질 수도 없다." 〈예수의 말〉

33. "너희가 너희의 귀로 듣는 것을 너희가 지붕 꼭대기에서 다른 사람의 귀에 선포하라. 아무도 등불을 켜서 그것을 말 아래 또는 숨겨진 곳에 놓지 않고 그것을 동경 위에 두어 들어가고 나오는 모든 사람이 그 빛을 볼 수 있게 한다." 〈예수의 말〉

34. "만일 맹인이 맹인을 인도하면, 둘 다 도랑에 빠진다."
   〈예수의 말〉

35. "누구든지 강한 사람의 손을 묶지 않으면 그 강한 사람의 집에 들어가서 강제로 그것을 빼앗을 수 없다. 그의 손을 묶고 나서야 그는 그의 집을 강탈할 것이다." 〈예수의 말〉

36. "너희가 무엇을 입을까에 대하여 아침부터 저녁까지, 저녁부터 아침까지 아무 걱정하지 말라." 〈예수의 말〉

37. 그의 제자들이 그에게 말했다.
   "당신은 언제 우리에게 나타나실 것입니까? 언제 우리가 당신을 볼 것입니까?"
   "너희가 부끄러워하지 않고 너희 옷을 벗고, 너희의 옷을 들어 조그만 아이들이 하듯이 그것을 너희의 발밑에 놓고 그것을 밟는다면, 너희는 살아계신 분의 아들들이 될 것이고, 너희는 아무런 두려움을 가지지 않을 것이다."

38. "너희는 내가 너희에게 말하는 이 말들을 듣기를 자주 원했다. 그러나 너희는 이 말들을 그로부터 들을 수 있는 다른 사람을 갖지 못했다. 너희가 나를 찾을 것이지만 나를 찾지 못할 날이 올 것이다." 〈예수의 말〉

39. "바리새인들과 율법학자들이 지식의 열쇠들을 가져갔고 그것들을 숨겨 놓았다. 그들은 그들 자신이 들어가지 않았

고 들어가기를 원하는 자들이 들어가려 하는 것을 허락하지도 않았다. 그러나 너희에 관하여 뱀처럼 신중하고 비둘기처럼 순진하라." 〈예수의 말〉

40. "한 포도나무가 아버지 밖에서 심어졌다. 그것은 힘을 얻지 못하였다. 그것은 뿌리째 뽑혀질 것이고 말라버릴 것이다." 〈예수의 말〉

41. "가진 자에게 주어질 것이다. 그러나 가지지 않은 자는 그가 가진 적은 것(까지도)을 빼앗길 것이다." 〈예수의 말〉

42. "건너가는 자들같이 되라." 〈예수의 말〉

43. 그의 제자들이 그에게 말했다.
"우리에게 이것들을 말하는 당신은 누구입니까?"
"너희는 내가 누구인가를 내가 너희에게 말하는 것들에 의하여 인식하지 못하는가? 그러나 너희들 자신이 유대인들처럼 되었다. 그들은 나무를 사랑하고 열매는 미워한다. 그들은 열매를 사랑하고 그 나무는 미워한다."

44. "아버지를 모욕한 자는 용서를 받을 것이다. 아들을 모욕한 자도 용서를 받을 것이다. 그러나 성령을 모욕한 자는 지상에서나 하늘에서나 용서를 받지 못할 것이다."
〈예수의 말〉

45. "사람들은 가시나무에서 포도를 따지 않고 낙타의 등으로

부터 무화과를 따지 않는다. 이것들은 아무런 열매도 주지 않는다. 좋은 사람은 그의 창고로부터 좋은 것을 낸다. 그러나 나쁜 사람은 그의 마음속에 있는 그의 창고로부터 나쁜 것을 낸다. 그는 나쁜 것들을 말한다. 그의 마음의 풍요로부터 그는 나쁜 것을 말한다." 〈예수의 말〉

46. "아담부터 세례요한까지 여인들에게서 난 자들 가운데 세례요한보다 더 위대한 사람은 아무도 없다. 그러나 너희의 눈이 [멀지 않도록] 내가 말했다. 즉 '너희들 가운데 가장 작은 자가 왕국을 알게 될 것이고 요한보다 더 높여질 것이다.'" 〈예수의 말〉

47. "아무도 두 말을 타거나 두 개의 화살을 동시에 당길 수 없다. 어떤 종도 두 주인을 섬길 수 없다. 그렇지 않으면 그는 한 주인을 공경하고 다른 주인에 의하여 학대를 받을 것이다. 아무도 낡은 술을 마시고 같은 순간에 새 술을 마시기를 원하지 않는다. 새 술은 낡은 가죽부대에 따르지 않는다. 그것이 터지지 않도록 하기 위해서이다. 아무도 낡은 조각을 새 옷에 대고 깁지 않는다. 그것이 찢어질 것이기 때문이다." 〈예수의 말〉

48. "만일 두 사람이 같은 집에서 평화스럽게 함께 지낸다면, 그들은 산을 향하여 '움직이라!'고 말할 것이다. 그러면 그 산은 움직일 것이다." 〈예수의 말〉

49. "단일한 자들과 선택된 자들은 복이 있다. 너희는 왕국을

발견할 것이기 때문이다. 너희는 거기로부터 나왔기 때문에 거기로 다시 돌아갈 것이다." 〈예수의 말〉

50. "만일 사람들이 너희에게 '너희가 어디로부터 왔는가?'라고 묻는다면 그들에게 말하라. '우리는 빛으로부터, 빛이 스스로 생기는 곳으로부터 왔다. 그것은 그들의 형상 속에 [서 있었고] 자체를 나타냈다.' 만일 그들이 너희에게 '너희는 누구냐?'고 말한다면 이렇게 말하라. '우리는 그의 아들들이다. 우리는 살아 계신 아버지의 선택 받은 자들이다.' 만일 그들이 너희에게 '너희 속에 있는 너희의 아버지의 표지가 무엇인가?'라고 묻는다면 그들에게 이렇게 말하라. '그것은 운동이고 휴식이다.'" 〈예수의 말〉

51. 그의 제자들이 그에게 말했다.
"어느 날에 죽은 자들이 휴식이 일어나고 어느 날에 새 세계가 옵니까?"
"너희가 기다리는 이 휴식은 이미 왔다. 그런데 너희가 그것을 깨닫지 못하였다!"

52. "24예언자들이 이스라엘에서 말했고, 그들 모두가 당신 안에서 말했습니다."
"너희는 너희 눈앞에 살아 있는 한 사람을 잊었다. 너희는 죽은 자들에 관하여 말하였다."

53. 그의 제자들이 그에게 말했다.
"할례라 유익한가 그렇지 않은가?"

"만일 그것이 유익하다면, 사람들의 어머니들은 그들의 아버지들에게 이미 할례를 받은 아이들을 낳았을 것이다. 그러나 유익한 것은 영 안에서의 참된 할례이다."

54. "가난한 자들이 복이 있다. 하늘나라가 너희의 것이기 때문이다." 〈예수의 말〉

55. "자기 아버지와 어머니를 미워하지 않는 자는 나의 제자가 될 수 없다. 자기 형제와 누이를 미워하지 않고 나처럼 자기 십자가를 지지 않는 자는 내게 합당하지 않은 것이다." 〈예수의 말〉

56. "세상을 알게 된 자는 한 시체를 발견하였다. 한 시체를 발견한 자에 관하여, 세상은 그에게 합당하지 않다."
〈예수의 말〉

57. "아버지의 나라는 [좋은] 씨를 [그의 밭에] 가진 사람과 같다. 밤에 그의 원수가 와서 그 좋은 씨 위에 가라지를 뿌렸다. 이 사람은 이 가라지를 뽑을 것을 허락하지 않았다. '너희가 가라지를 뽑으러 간다면 가라지와 함께 밀도 뽑을까 두렵기 때문이다. 진실로 추수 때에 가라지는 식별될 수 있을 것이고, 그것은 뽑혀져서 불에 태울 수 있다'라고 그는 그들에게 말했다." 〈예수의 말〉

58. "일한 자는 복이 있다. 그는 생명을 발견하였기 때문이

다." 〈예수의 말〉

59. "너희가 살아 있는 동안 살아 계신 분을 바라보라. 너희가 죽을 때에 그를 찾다가 찾지 못하는 일이 없도록 하기 위해서이다." 〈예수의 말〉

60. 어떤 사마리아 사람이 어린 양 한 마리를 짊어지고 유대로 가고 있는 것을. 〔그들은 보았다〕 그가 그의 제자들에게 말했다.
"이 사람은 어린 양으로 무엇을 하고 있는가?"
"그는 그것을 죽여서 먹으려고 하고 있습니다."
"그것이 살아 있는 한, 그는 그것을 먹지 않을 것이다. 그러나 만일 그가 그것을 죽이면 그것은 시체가 된다."
"어떤 다른 방도로는 그가 그것을 할 수 없습니다."
"너희에 관하여 너희가 시체가 되어 먹히지 않도록 너희 스스로 쉴 곳을 찾아내라?"

61. 예수가 말했다.
"둘은 거기에 한 의자 위에서 쉬고 있을 것이다. 하나는 죽고자 했고 다른 하나는 살고자 했다."
살로메가 말했다.
"선생님, 당신은 누구이고 당신은 누구의 아들입니까. 당신은 내 의자 위에 앉으셔서 나의 식탁에서 잡수셨습니다."
예수가 그녀에게 말했다.
"나는 동일한 자(the Same)이신 그분으로부터 그의 존재가 유래하는 것이다. 그에게 나의 아버지에게 속하는 것으로부터 주어졌다."

"나는 당신의 제자입니다."

"그러므로 [그는 말했다] 내가 너에게 이것을 말한다. 즉 만일 사람이 결합되면, 그는 빛으로 가득 찰 것이다. 만일 그가 나누어지면, 그는 암흑으로 가득 찰 것이다."

62. "나는 나의 비밀들에 [합당한] 자들에게 나의 비밀들을 말한다. 너의 오른손이 하는 것을 너의 왼손이 모르게 하라." 〈예수의 말〉

63. "많은 돈을 가진 한 부자가 있었다. 그가 말했다. '나는 뿌리고 수확하고 심는데 나의 돈을 써서 열매로 내 창고를 가득 채워서 내게 부족한 것이 하나도 없게 하겠다.' 그렇게 그는 그의 마음속에 생각했다. 그러나 그날 밤 그는 죽었다. 들을 귀 있는 자는 들으라!" 〈예수의 말〉

64. "어떤 사람이 손님들을 초대하였다. 그가 잔치를 준비하였을 때에, 그가 그의 종을 보내 그런 손님들을 불러오게 하였다. 그가 첫째 사람에게 가서 그에게 말했다. '나의 주인이 당신을 부르십니다!' 그가 말했다. '나는 상인들로부터 돈을 받아야 합니다. 그들은 오늘밤 내게 옵니다. 나는 가서 그들에게 주문서를 주어야 합니다. 제발 나를 그 잔치에서 제외시켜 주십시오.' 그 종은 다른 손님에게 가서 말했다. '나의 주인이 당신을 부르십니다!' 그는 종에게 말했다. '나는 집 한 채를 샀는데, 그것을 위해 하루 종일 일해야 합니다. 나는 시간이 없을 것입니다.' 그는 다른

손님에게 가서 말했다. '나의 주인이 당신을 부르십니다!' 그가 그에게 대답하였다. '나의 친구가 결혼하려고 합니다. 나는 그의 결혼 잔치를 준비해야 합니다. 나는 갈 수 없을 것입니다. 제발 나를 그 잔치에서 제외시켜 주십시오.' 그는 다른 손님에게 가서 말했다. '나의 주인이 당신을 부르십니다!' 그는 그에게 말했다. '나는 밭을 하나를 샀는데 나는 아직 그것은 소작료를 받으러 가지 못했습니다. 제발 나를 그 잔치에서 제외시켜 주십시오.' 그 종은 돌아가서 그의 주인에게 말했다. '당신이 잔치에 초대한 사람들이 제발 제외시켜 달라고 말했습니다.' 주인은 그의 종에게 말했다. '거리로 나가서 만나는 사람마다 불러 오라. 그들이 정찬을 들 수 있도록.' 장사꾼들과 상인들은 나의 아버지의 장소에 들어가지 못할 것이다." 〈예수의 말〉

65. "어떤 선한 사람이 포도원을 가지고 있었는데, 그것을 경작자들에게 그들이 그 안에서 일하고 그가 그들로부터 열매를 받을 수 있도록 맡기고 나갔다. 그는 경작자들이 그에게 그 포도원의 열매를 주도록 하기 위하여 그의 종을 보냈다. 그들은 그의 종을 잡아 그를 때리고 그를 거의 죽게 하였다. 그 종은 와서 그의 주인에게 말했다. 그의 주인이 말했다. '아마 그는 그들을 알아보지 못했을 것이다.' 그는 다른 종을 보냈다. 경작자들은 이 종도 때렸다. 다음에 주인은 그의 아들을 보냈다. 그는 말했다. '아마 그들은 나의 아들을 존경할 것이다.' 그러나 그들은 그가 포도원의 상속자였다는 것을 알았다. 이 경작자들은 그를 잡아 죽였다. 들을 귀 있는 자는 들으라!" 〈예수의 말〉

66. "건축자들이 버린 돌을 내게 보이라. 그것은 모퉁이 돌이다." 〈예수의 말〉

67. "만유(the All)를 알고 있고 스스로에게 필요하지 않은 자는 모든 곳에서 필요하다." 〈예수의 말〉

68. "너희가 미움을 받고 박해를 받을 때, 그리고 너희가 박해를 받는 거기에서 아무런 장소를 찾지 못할 때 행복하라." 〈예수의 말〉

69. "마음으로 박해를 받은 자들은 행복하다. 그들이 아버지를 알게 된다. 주린 자들은 행복하다. 왜냐하면 그들은 채워질 것이고 배부르게 될 것이기 때문이다" 〈예수의 말〉

70. "너희가 너희 자신 안에 있는 것을 내놓으면, 너희가 가진 것이 너희를 구할 것이다. 만일 너희가 너희 자신 안에 그것을 가지지 아니하면, 너희 안에 가지지 못한 것이 너희를 죽일 것이다." 〈예수의 말〉

71. "나는 이 집을 파괴할 것이고 아무도 그것을 다시 짓지 못할 것이다." 〈예수의 말〉

72. [어떤 사람이] 그에게 말했다.
"나의 형제들에게 나의 아버지의 재산을 나와 나누라고 말해 주십시오."

"이 사람아, 누가 나를 재산 분배인으로 만들었는가?"
그리고 나서 그의 제자들에게 향하여 그가 말했다.
"결코 나는 재산 분배인이 되지 않겠다!"

73. "추수는 많고 일꾼들은 적다. 추수할 일꾼들을 보내달라고 주께 청하라." 〈예수의 말〉

74. 그가 말했다.
"주여, 빈터 주위에는 많은 사람들이 있습니다. 그러나 우물에는 아무도 없습니다."

75. "많은 사람들이 문밖에 서 있었다. 그러나 신부방에 들어갈 자는 하나뿐이다." 〈예수의 말〉

76. "아버지의 나라는 짐(상품)을 가지고 진주를 발견한 장사꾼과 같다. 그 장사꾼은 현명한 사람이었다. 그가 짐(상품)을 팔아 그 진주를 샀다. 너희도 좀이 그것을 먹으려고 침입하지 않고 벌레가 그것을 파괴하지 않는 곳에서, 견디는 불멸의 보화를 찾는다" 〈예수의 말〉

77. "나는 만유(all)위에 비치는 빛이다. 나는 만유(the All)이다. 만유는 나로부터 나왔고 만유는 나에게 돌아 왔다. 나무를 베어 보라. 거기에 내가 있다. 돌을 들어 보라. 거기서 너희는 나를 발견할 것이다." 〈예수의 말〉

78. "왜 너희는 확 트인 시골로 나갔는가? 바람에 흔들리는

갈대를 보려는 것이었는가, 아니면 고운 옷을 입은 사람을 보려는 것이었는가? [아니, 그런 사람들은] 너희 왕들과 고관들의 [집에 있다]. 그들은 그렇게 옷을 입고 있으나 그들은 진리를 알지 못한다." 〈예수의 말〉

79. 군중 속에서 한 여인이 그에게 말했다.
"당신을 낳은 자궁과 당신에게 젖을 먹인 가슴은 복되도다!"
"아버지의 말씀을 듣고 그것을 참으로 지키는 자들이 복이 있다. 너희가 이렇게 말할 날이 올 것이다. '아이를 낳지 않는 자궁과 아이에게 젖을 먹이지 않은 가슴이 복이 있다!'"

80. "세계를 알게 된 자는 몸 안으로 떨어졌다. 몸 안으로 떨어진 자에 관하여, 세계는 그에게 합당하지 않다."
〈예수의 말〉

81. "부를 얻은 자가 왕이 되게 하고 권력을 가진 자는 그것을 포기하게 하라." 〈예수의 말〉

82. "나에게 가까이 있는 자는 불에 가까이 있다. 나로부터 멀리 있는 자는 왕국으로부터 멀다." 〈예수의 말〉

83. "형상들이 사람에게 나타난다. 그러나 그들 안에 있는 빛은 아버지의 빛의 형상 안에 감추어 있다. 그는 자신을 제시할 것이다. 그의 형상은 그의 빛에 의하여 숨겨져 있

다." 〈예수의 말〉

84. "너희가 너희의 초상(likeness)을 볼 때 너희는 기뻐하라. 그러나 너희가 너희 앞에 존재하게 된 저희의 형상들(Images) -죽지도 않고 명시되지 않는-을 볼 때, 너희가 얼마나 많이 견디겠는가?" 〈예수의 말〉

85. "아담은 큰 권력과 큰 부로부터 존재하게 되었다. 그는 너희에게 합당치 않았다. 만일 그가 합당했다면 〔그는〕 죽음을 〔맛보지〕 않았을 것이다." 〈예수의 말〉

86. "〔여우들은〕 굴을 가지고 있고, 새들은 보금자리를 가지고 있으나 사람의 아들은 그의 머리를 두고 쉴 곳이 없다." 〈예수의 말〉

87. "몸에 의지하는 몸은 가련하다. 그들 모두에 의지하는 영혼은 가련하다." 〈예수의 말〉

88. "천사들과 예언자들이 너희에게 와서 너에게 너의 것을 줄 것이다. 너희에 관하여, 그들에게 너의 수중에 있는 것을 주고, 너희 자신에게 이렇게 말하라. '어느 날에 그들이 와서 그들의 것을 가져갈까?'" 〈예수의 말〉

89. "왜 너희는 잔의 겉을 씻는가? 너희는 속을 만든 이가 또한 겉을 만든 이라는 것을 알지 못하는가?" 〈예수의 말〉

90. "내게 오라. 내 멍에는 가볍고 내 규율은 부드럽고 너희는 너희 자신을 위하여 안식처를 발견할 것이기 때문이다."
〈예수의 말〉

91. 그들이 그에게 말했다.
"우리가 당신을 믿을 수 있도록 당신이 누구인가를 우리에게 말해주십시오."
"너희는 하늘과 땅의 얼굴은 분간하나 너희는 너희의 얼굴 앞에 있는 것을 알지 못했다. 그리고 너희는 이때를 분간할 줄을 모른다."

92. "찾으라. 그러면 발견할 것이다. 그러나 너희가 그 때에 나에게 물었던 것들을 나는 너희에게 말하지 않겠다. 지금 내가 그것들을 말하기를 원하는 때, 너희는 그것들에 관하여 묻지 않는다." 〈예수의 말〉

93. "거룩한 것을 개들에게 주지 말라. 그들이 그것을 거름더미 위에 던질까 하노라. 진주를 돼지 앞에 던지지 말라. 그들이 그것을 … 만들까 하노라." 〈예수의 말〉

94. "찾는 자는 발견할 것이다. 그것을 두드리는 자에게 열릴 것이다." 〈예수의 말〉

95. "만일 너희가 돈을 가지고 있다면, 이자를 받고 빌려주지 말라. 그러나 너희가 그것을 돌려받지 못할 자에게는 그것을 주라." 〈예수의 말〉

96. "아버지의 나라는 작은 누룩을 취하여 그것을 가루반죽 속에 감추어 큰 덩어리를 만든 여인과 같다. 들을 귀 있는 자는 들으라!" 〈예수의 말〉

97. "아버지의 나라는 밀가루가 가득 차 있는 단지 하나를 운반하면서 긴 길을 따라 걸어가고 있는 한 여인과 같다. 단지의 손잡이가 깨어졌고, 밀가루는 그녀가 모르는 채 노상에서 그녀 뒤로 쏟아졌고, 그것을 어떻게 할 수가 없었다. 그녀가 집에 도착하였을 때, 그녀는 단지를 내려놓았고, 그것이 텅 비어 있는 것을 발견하였다." 〈예수의 말〉

98. "아버지의 나라는 어떤 고관을 죽이기를 원하는 한 사람과 같다. 그 자신의 집에서 그는 그의 칼을 뽑아서 그의 손이 튼튼한가를 확인하기 위하여 그것을 벽에 찌른다. 그리고 나서 그는 그의 희생자를 죽인다." 〈예수의 말〉

99. 제자들이 그에게 말했다.
"당신의 형제들과 어머니가 밖에 서 있습니다."
"여기 내 아버지의 뜻을 행하는 자들이 나의 형제들이고 나의 어머니이다. 나의 아버지의 나라에 들어갈 자들은 그들이다."

100. 예수에게 금화 하나가 보여졌고 이렇게 말해졌다.
"가이사의 사람들은 우리에게 세금을 요구하고 있습니다."

"가이사의 것은 가이사에게 주라. 하나님의 것은 하나님에게 주라. 그리고 나의 것은 나에게 주라!"

101. "자기 아버지와 어머니를 나의 길에서 미워하지 않는 자는 내 제자가 될 수 없다. 자기 [아버지] 와 어머니를 나의 길에서 사랑하지 [않는] 자는 내 제자가 될 수 없다. 왜냐하면 나의 어머니……그러나 참으로 그녀는 나에게 생명을 주었다" 〈예수의 말〉

102. "바리새인들에게 화가 있을지어다. 그들은 사료더미 위에 앉아 있는 개와 같다. 그는 그것을 자신이 먹지도 않고 다른 누가 그것을 먹도록 허락하지도 않을 것이다."

〈예수의 말〉

103. "밤 어느 시간에 도적들이 올까를 아는 자는 행복하다. 그는 일어나서 그의 [기운] 을 회복하여 도적들이 들어오기 전에 그의 허리띠를 맬 수 있기 때문이다" 〈예수의 말〉

104. 그들이 말했다.
"오십시오. 오늘은 같이 기도하고 금식합시다."
"내가 무슨 죄를 지었는가. 또는 내가 무슨 태만죄가 있는가? 신랑이 신부 방에서 나올 때, 사람들은 결코 금식하거나 기도하지 않는다."

105. "아버지와 어머니를 아는 자는 창부의 아들이라고 불리

울 것이다." 〈예수의 말〉

106. "너희가 둘을 하나로 만들 때, 너희는 사람의 아들들이 될 것이다. 그러면 너희가 '산더러 움직이라!'고 말한다면, 그것이 움직일 것이다." 〈예수의 말〉

107. "그 나라는 양 백 마리를 가진 어떤 목자와 같다. 그들 중 가장 큰 한 마리가 길을 잃었다. 그는 다른 아흔아홉 마리를 놓아두고 그가 그것을 찾을 때까지 이 혼자된 양을 찾아다녔다. 이 수고를 한 후에, 그는 그 양에게 말했다. '나는 너를 다른 아흔아홉 보다 더 사랑한다.'" 〈예수의 말〉

108. "나의 입으로부터 마시는 자는 나처럼 될 것이고, 나 자신이 그가 될 것이다. 그러면 감추인 것들이 드러날 것이다." 〈예수의 말〉

109. "그 나라는 그의 밭에 감추인 보화를 — 그것은 알지 못한 채 — 가지고 있는 사람과 같다. 그가 죽었을 때, 그는 그것 [밭]을 [그 보화에 관하여] 아무 것도 모르는 그의 아들에게 남겨주었다. 그가 그 밭을 상속받았을 때, 그는 그것을 팔았다. 그것을 산 사람이 밭을 갈고 있는 동안에 그 보화를 발견하였다. 그러자 그는 그가 좋아한 모든 사람들에게 이자를 주고 돈을 빌리기 시작하였다." 〈예수의 말〉

110. "세상을 발견하고 부를 얻은 자는 세상을 포기하라."
〈예수의 말〉

111. "하늘들과 땅이 너희 눈앞에 두루마리같이 말려 사라질 것이다. 살아 계신 분으로부터(the Living One) 자기 생명을 끌어오는 자는 죽음을 보지 않을 것이다. 예수가 이렇게 말하기 때문이다. '자신을 발견하는 자에 관하여, 세상은 그에게 합당하지 않다.'" 〈예수의 말〉

112. "영혼에 의지하는 육에게 화가 있을 것이다. 육에 의지하는 영혼에게 화가 있을 것이다!" 〈예수의 말〉

113. 그의 제자들이 그에게 말했다.
"언제 그 나라가 오겠습니까?"
"그것은 그것이 기대되는 때 오지 않을 것이다. 그들이 '보라, 여기 있다.' 또는 '보라, 저기 있다'고 말하지 않을 것이다. - 그러나 아버지의 나라는 당위에 널리 퍼지고 있고 사람들은 그것을 알지 못한다.

114. 시몬 베드로가 그에게 말했다.
"마리아로 하여금 우리 가운데로부터 떠나게 하라. 여인들은 [참] 생명에 합당하지 않기 때문이다."
"보라. 나는 그녀가 너희 남자들처럼 산 영혼이 될 수 있도록 하기 위하여 그녀를 한 남자로 만들 수 있을 만큼 그녀를 끌어당길 것이다. 남자가 되는 모든 여인이 하늘나라에 들어갈 것이기 때문이다."

제2편 오리엔탈문화와 구약성서

신화와 역사

역사는 시간과 공간 속에 존재하는 인류사회의 발전과 진행상황을 자연현상을 따라 연구하는 학문이고, 신화는 초시간 초공간적 사상을 설화를 중심으로 엮어가는 신성한 이야기다. 그러므로 역사 속에 신화가 있고, 신화 속에 역사가 있다. 그러나 어리석은 사람은 그 한쪽만 보고 맹신(盲信)하기 때문에 설화 자체를 미신화 하고 우상화하는 경향이 많다. 그러므로 여기서는 역사적인 사실과 신화적인 이야기가 피차간에 어떠한 연관을 가지고 있는가를 인연 따라 설명하되 그것이 장차 어떤 영향을 사회에 끼치고 있는가를 살펴보기로 하겠다.

"삼손과 데릴라 할 때 삼손은 바빌로니아 태양신 샤마쉬(Shamash)에서 따온 것으로 '작은 태양'이란 뜻이다. 그는 단족(the Danites) 마노아(Mahoah)의 아들인데, 어느 날 신의 사자가 나타나 '아이를 낳게 해줄테니 나실인(Nasirite)으로 기르라' 하였다.

나실인이란 '신의 도움을 받는 대신 그 몸은 신에게 바치기로 서약하는 것'이다. 그래서 약속하였더니 세 가지 금기사항을 일러주었다.

첫째는 절대로 술을 마시면 안 되고,

둘째는 시체를 만져도 안 되며,

셋째는 머리를 자르면 안 된다는 것이었다.

그런데 그는 공교롭게도 태양신 숭배의 중심지였던 베드샤마쉬 근처 '소라'2)에서 태어났다.

이스라엘이 계속해서 가나안 토착민들을 괴롭히고 있을 때 가나안 토착민들은 침략자에 대항하기 위해서 동맹을 맺고 잃었던 땅을 되찾으려 하였다.

이스라엘은 12부족으로 연맹을 맺기 위해 사사제도(士師制度)를 확립하고, 왕정을 도입 다윗왕과 솔로몬을 배출한 유다지파 옷니엘을 최초의 사사로 선정한다. 그러나 그들은 신식 철제무기를 가지고 철저히 방어하기 때문에 모압인과 암몬족, 아말렉인들은 쉽게 정복되지 않았다. 그 때 국민적 영웅 삼손이 나타난다. 힘이 세고 용감무쌍 하면서도 조금은 우둔한 역사(力士)였다.

가자의 문기둥을 뽑고 성문 문짝을 지고 산위로 올랐으며, 자신을 묶은 포승줄을 끊어버리고 죽은 나귀의 턱뼈를 주위 그것으로 블레셋 사람 천 명을 쳐 죽인다. 그리고 지쳐 갈증이 심해 쓰러지면서 여호와신에게 도움을 청해 금방 근처 바위에서 생수가 솟게 하여 기운을 되찾았으며, 장차 블레셋인

---

2) 소라(Zorah)란 말은 '에즈라(Ezra), 조로아스터에서 조로(Zoro) 즈룹바벨에서 즈룹(Zeru)으로 모두가 태양을 상징한다.

들의 노예가 되어 연자방아를 돌리면서도 그 힘이 두려워 가까이 하지 못하다가 마침내 그의 눈을 빼고 안심하였으며, 블레셋 여인을 탐하여 임나로 가다가 어린 사자를 만나 맨손으로 찢어 죽여 던졌는데 오면서 보니 그 사자 몸에 벌들이 집을 짓고 꿀을 모으고 있어 그것을 먹으면서 신부의 집으로 갔던 이야기, 결혼식 피로연에 30명의 블레셋인들에게 '사자의 꿀'(잡아먹는 자에게서 고기가 나오고, 강한 자에게서 단 것이 나온다)이란 수수께끼를 내었다. 3일이 되어도 풀지 못하자 삼손은 신부 아버지의 집에 불을 지르겠다 하여 신부와 잠자리를 같이 하게 된다.

그러나 그 신부는 '당신의 그 같은 힘이 어디서 나오냐?'고 물었어도 답하지 않자 자기를 사랑하지 않기 때문에 일러주지 않는다고 울었다. 그래서 삼손은 그에게 사랑의 증거를 보이기 위해서 일러주니 곧 블레셋인들은 문제의 수수께끼를 풀고 30벌의 옷을 내놓으라 하였다. 삼손은 그 길로 아내에게 속았다고 화를 내고 아스클론 성읍으로 가서 30명의 블레셋인들을 때려죽이고 거기서 빼앗은 옷을 가지고 와 30명에게 30벌의 옷을 준다. 그리고 그는 아내를 버려둔 채 고향으로 왔다.

그러나 다시 아내 생각이 나서 처갓집으로 가니 장인은 신부 집안의 체면을 잃지 않기 위하여 벌써 신부를 다른 남자에게 시집보내고 없었다. 삼손이 화를 내자 큰딸보다 더 아름다운 둘째 딸을 대신 주겠다 하였으나 듣지 않고 격분하여 여우 300마리를 잡아 두 마리씩 꼬리를 묶고 불을 붙이니 여우들이 미친 듯이 날뛰어 여러 사람들의 밀밭을 모두 불태워 버렸다. 블레셋 사람들이 화를 내어 군대를 동원하자 이스라엘 사람들은 삼손을 잡아 블레셋 사람들에게 넘겼다. 그 때 삼손은 두 팔의 밧줄을 끊어버리고 길가에 버려진 죽은 나귀 뼈를 가지고 블레셋 사람 천 명을 닥치는 대로 쳐죽였다. 삼손은 이렇게 이스라엘의 사사로서 여호와신의 권능을 빌어 광란의 살인행위를 하고 분풀이로 창녀촌을 다니면서 뭇여인들을 농락하고 있었다. 그 때 블레셋의 성녀 데릴라가 나타나 그를 사랑하게 된다. 데릴라는 밤마다 그를 껴안고 '그 같은 무서운 힘이 어디서 나오냐?'고 물어도 답해주지 않자, '나의 사랑을 믿지 않는다면 차라리 나를 죽여달라'고 애원하였다. 삼손은 결국 자기의 힘이 머리털에서 나온다고 일러주었다. 그 때 그 여인은 삼손이 자신을 껴안고 깊이 잠이 들었을 때 그의 머리를 잘라버려 힘을 쓸 수 없게 만들었다. 그 때 그를 잡아 감옥에 넣었다가 연자방아를 돌리게 하였다. 그런데 그 사이 머리가 자라 힘을 쓸 수 있게 되었다. 밤낮없이 여호께 기도하며 '저에게 힘을 돌려주면 블레셋인들과 함께 살다 죽더라도 원이 없겠습니다' 하였다. 그 때 마침 블레셋의 신인 다곤(Dagon)을 위한 성대한 축제가 열리고 사람들은 삼손을 실컷 골려주고자 모였는데 힘을 되찾은 삼손이 신전을 부수고 많은 블레셋인과 더불어 무너지는 신전에 깔려죽었다."

이것이 삼손에 대한 이야기다. 생각하면 한 사람의 사사에 의하여 많은 적들이 희생되고 적의 세계가 혼란을 겪는 것으로 볼 때는 매우 통쾌한 이야기다. 그러나 그것을 사회학적인 면에서 보나 인류학적인 면에서 볼 때는 이렇게 무지하고 광란적인 사람을 정의인(正義人)이라 부를 수 있겠는가 생각해 보라.

사실 이 설화는 이스라엘 사람들이 여호와의 권능을 빌어

상대방의 적을 무너뜨린 전쟁신화에 불과하다. 왜냐하면 삼손과 연관된 설화는 바빌로니아의 이그두바르(길가메쉬)와 그리고 그리스 로마의 헬라클레스, 리디아와 히타이트의 산포, 힌두의 발라라마드에 그 모델이 등장하고 있기 때문이다. 예로부터 장사는 맨손으로 사나운 짐승을 때려눕히는 것으로 시작된다.

일찍이 헤라클레스가 오르코메노스의 성문을 부수고 문짝을 거는 기둥을 뿌리째 뽑아 옮기는 이야기와 자신을 묶은 족쇄를 끊어버리는 이야기, 헤라클레스가 테베로 진격할 때 오르코메노스의 에르기노스왕과 미니아인들을 거의 혼자서 살해한 이야기, 테르모필라에서 지치자 아네테 여신(태양신)이 나타나 샘이 솟게 하여 갈증을 해소하고 다시 힘을 얻게 되었다는 이야기, 용의 뱃속에 들어가 돌아다니다 보니까 머리가 다 빠져 버렸다는 이야기는 삼손이 문기둥을 빼고 포승줄을 끊고 나귀의 턱뼈로 적 수천명을 죽이고 샘물을 마시고 기운을 차린 이야기와 흡사하다.

그리고 헤라클레스가 리디아의 여왕 옴팔레의 노예가 되어 일을 했다는 것은 삼손이 블레셋인들의 노예가 되어 연자방아를 끌었다는 것과 일치한다. 세상일이란 아무리 꾸며도 순 거짓말로는 되지 않는다. 어디까지가 어디에 있던 근거를 빌려 새로운 문장이 만들어지기 때문이다.

블레셋 사람들이 삼손의 눈알을 뺀 이야기는 저 유명한 그리스 신화 오이디프스 왕의 이야기와 고대 이집트 호루스 신화와 같다. 그리고 신전을 무너뜨리고 블레셋 사람들과 깔려 죽는 광경도 이집트의 레-헤라크테신의 이야기를 차용한 게 아닌가 생각된다.

그리고 그가 마지막 여자에 의해 무너지는 장면도 그리스 최강의 역사 헤라클레스가 여자에 의해 파멸한 것과 같다.

어쩌면 구약의 편집자들은 옛 사람들의 이야기를 선택, 차용하여 자기네의 역사에 붙여 멋있게 변형 각색하는 재주를 가졌는지 알 수 없다.

그래서 지금 와서 세계의 고고학자들과 철학자들은 이 같은 설화를 연대별로 추정하여 뉴욕의 자유의 여신상이 프랑스 조각가 바르톨리가 이집트 태양의 신상에서 영감을 얻어 만들 듯이 삼손과 데릴라의 신화가 태양신과 헤라클레스 신화에서 차용되었다는 것을 밝히고 버려진 나귀 뼈는 까마귀 쇠지레와 같다고 풀었다. 그리고 삼손의 머리카락은 태양의 빛, 그리고 천사들의 유래는 조로아스터교의 천사 스펜다 마이뉴와 연관이 있다고 말했다. 실제 마이뉴의 그림과 천사 가브리엘의 그림을 보면 너무도 닮았다. 사자는 이집트 신화에 나오는 태양을 머리에 이고 달리는 세게트와 같고, 꿀벌은 기쁨을 주는 여인의 단맛으로 이집트 왕가의 상징으로 요즈음 말로 하면 허니문(신혼여행)에 해당된다고 볼 수 있다.

그러니까 이 설화는 곧 이집트의 태양신을 무너뜨린 이스라엘 여호와 신의 위대성을 삼손과 데릴라에 비유하고, 유목민들의 유목생활이 태양을 배경으로 한 농민들의 정착생활로 전이해가는 과정을 상징적으로 나타낸 역사적 신화라 볼 수 있다.

〈민희식 저 성서의 뿌리(삼손과 데릴라) 270~297쪽〉

하늘과 땅 이야기

이 세상 모든 존재는 하늘과 땅속에서 살고 있다. 어려서는 어머니의 두 젖퉁이 하늘과 땅으로 보이고 조금 크면 아버지 어머니가 하늘과 땅으로 보이지만 조금 더 크면 산과 물, 해와 달이 하늘과 땅으로 보인다. 그런데 진정 눈이 똑바로 뜨여 진짜 하늘과 땅을 보면 "저 하늘과 땅이 어디서 생겼을까?" 하고 의심하게 된다. 그러다가 기독교 구약성서 창세기 "태초에 하나님이 천지를 창조하시니라" 한 구절을 보면 그만 무릎을 치면서 "그렇구나. 저 하늘과 땅은 모두가 하나님의 작품이로다" 하고 고개를 끄덕이게 되어 있다. 참으로 말만 들어도 감탄하고 위엄 있는 말씀이다. 그렇기 때문에 이 글귀는 기독교의 창조설화 이전에 인류의 창조설화로서 널리 알려져 왔던 것이다.

그런데 1849년 영국의 고고학자 헨리 리어드와 그의 조수 랏삼씨가 앗시리아 수도 니네베(현 이라크 모술) 아슈르바니팔왕의 도서관에서 2만5천점 이상의 점토판 문서를 발굴했는데, 그 가운데 BC. 18세기 바빌로니아 창조 서사시 에누마 엘리쉬가 들어 있었다.

그리고 1876년 대영박물관 조지 스미스는 니네베의 왕립도서관에서 갈데아의 창세기를 출간하고, 1902년 대영박물관 왕립도서관에서는 일곱 장으로 된 점토판 문서를 발견하여 그것을 "천지창조 7토판"이라 불렀다.

이제 그 내용을 간단히 소개해 보면 다음과 같다.

"태초에 원시 바다의 여신 남무(Nammu)가 있었다. 그녀에게서 하늘 땅이 합쳐진 세계 안키(Anki)가 생겨났고 안키는 대기의 신 엔릴(Enlil)을 낳았다. 엔릴이 그 부모를 하늘인 안(An)과 땅인 키(Ki)로 나누자 하늘의 신 안은 위로 올라가고 땅의 신 키는 아래로 내려갔다.

대기의 신 엔릴은 여신 에닐에게서 달의 신 난나(Nanna)를 낳고, 난나는 닌갈(Ningal)과의 사이에서 태양신 우투(Utu)를 낳아 낮을 비추게 하였다.

창조주 엔키(Enki)는 식물과 곡물을 만들고 그 땅에 소를 풀어놓고 하늘에는 새를, 강에는 물고기를 풀어놓았다. 엔키는 또 목축의 신 두무지(Dummuzi)를 시켜서 소우리와 양우리를 만들었다. 엔키는 바다의 신 남무와 출산의 신 닌마를 시켜 진흙을 가지고 검은머리의 사람(수메르인)을 만들었다."

〈에리두 창세기〉

그러면 구약 창세기가 어디서 만들어졌는가를 그냥 알 수 있다.

"태초에 하나님이 천지를 창조하시니라. 땅이 혼돈하고 … 수면에 운행하시니라 … 궁창 아래의 물과 위의 물로 나뉘게 하시고, 궁창을 하늘이라 하고 … 뭍을 땅이라 하며 물을 바다라 칭하시니라.

하나님이 가라사대 빛이 있으라 하시니 빛이 있었고 … 빛을 낮이라 칭하고 어두움을 밤이라 칭하시니라. 하나님이 두 광명을 만드사 큰 광명으로 낮을 주관하시고 작은 광명으로 밤을 주관하게 하셨다.

하나님이 가라사대 땅을 풀과 씨 맺는 채소와 각기 종류대로 씨 가진 열매 맺는 과목을 내라 하셨으며 … 땅의 짐승들과 육축, 그리고 땅에 기는 모든 것을 그 종류대로 만들었다 … 큰 물고기는 물에서 나는 것들은 하늘에서 제각기 능력대로 종류 따라 창조하시니라.

하나님이 가라사대 우리의 형상을 따라 우리의 모양대로 사람들을 만들었다."

〈구약 창세기 1 : 26, 2 : 7〉

그래서 수메르 연구가 새무얼 크레이 박사는 "역사는 수메르로부터 시작된다"는 저서를 남기고 "수메르어는 고대 히브리문학에 결정적인 영향을 주었다" 평가하였다.

그런데 바빌로니아의 창조설화는 신들의 싸움으로부터 시작된다.

"태초의 혼돈 속에 짠물을 다스리는 바다의 여신 티아맛(Tiamat)과 담수를 다스리는 신 압수(Apsu)가 있었다. 티아맛의 거대한 몸속에 에아(Ea)와 다른 자녀신들이 창조되어 있어 이들이 소란스러워지자 압수가 이를 죽이려 하였다. 이에 에아가 먼저 주문으로 압수를 죽였다.

티아맛은 새 남편 킹구(Kingu)와 함께 전쟁에 나섰는데, 에아리의 아들 태풍신 마르둑(Marduk)이 나서서 티아맛을 죽였다.

승리한 마르둑은 바다의 신 티아맛의 시체를 둘로 갈라 하늘 위의 물과 땅 밑의 물로 갈라놓았다.
이렇게 해서 하늘과 땅을 창조하고 신들의 모습대로 별들을 마련하고, 해와 달, 태양을 만들어 시간과 계절을 구분하게 하였다. 티아맛의 가슴으로부터 산을 만들고 두 눈을 뽑아 티그리스와 유프라테스 강이 흘러가게 하고 신들의 거처로 바빌론의 신전을 세우게 하였다.

그리고 마지막으로 킹구를 잡아 죽인 후 진흙에 그 피를 섞어 인간을 만들어 신들의 노력을 대신하게 하고, 신들은 비로소 안식하게 되었다. 이에 신들은 마르둑의 업적을 기리기 위해 그에게 신들의 왕위를 내어주고 찬양하여 충성을 맹세하였다."

〈바빌로니아 서사시〉

어쩌면 이 이야기는 나눈나키의 유전자 개량에 의한 신인류 창조 이야기와 같다.
어떻든 이로써 보면 수메르의 창조신화는 인간창조-에덴-도시-계보-홍수-축복 순서로 되고, 바빌로니아의 창조신화는 천지창조-인간창조-홍수-축복-무지개 순서로 되는데, 구약 창세기는 천지창조-인간창조-에덴-도시-계보-홍수-축복-무지개 순서로 되었다.

말하자면 바빌로니아 창조신화 에누마 엘리쉬는 창조 이전의 원초적 상태에 대해서 "혼돈을 나타내는 바다의 여신 티아맛이 어둠에 싸여 있는데 육지의 남신 마르둑이 티아맛여신을 잡기 위해 바람을 타고 바다 위를 떠돌던 것"으로 되어 있는데, 유대교의 창조신화 구약은 "원초적인 혼돈을 나타내는 어둠이 깊은 물(바다) 위에 신의 성령이 바람처럼 떠돌고 있다"고 하였다.

천지창조의 작업 순서에 대해서도 에누마 엘리쉬에서는 "신들에게서 빛이 나오고 하늘 위의 물과 땅 밑의 물로 나누고 바다에서 마른 땅을 창조하고 해와 달(섬광체)을 만들고 다음에 생물과 인간을 차례로 창조하고 신들이 휴식을 취하고 안식을 가진 뒤 신을 찬양한 것"으로 되어 있는데, 구약성서에서 "첫째 날 빛을 창조하고, 둘째 날 물과 물 사이에 하늘이 창조되고, 셋째 날 육지와 바다, 식물이 만들어지고, 넷째날 해와 달, 별들이 창조되고, 다섯째 날 어류와 조류가 창조되며, 여섯째 날 동물과 인간이 창조되어 일곱째 날 휴식을 취하기 위하여 안식일로 정하고 찬양하게 되었다" 하였다.

그래서 "에누마 엘리쉬는 구약 창세기 창조신화의 원전이 된다 하고, 아트라 하시스의 서사시가 인간 창조신화의 원전이 된다." 한 것이다.

그러나 이것은 어디까지나 이집트 바빌로니아 사람들의 신화이지 사실은 아니다. 그런데 사람들은 이 같은 신화를 사실로 오인하여 역사적 사건으로 생각하고 있다. 참으로 답답한 일이다.

유토피아 에덴동산

인간은 태초 이래 어느 민족 어느 국가를 막론하고 유토피아를 꿈꿔왔다. 중국 사람들은 이 세계를 무릉도원(武陵桃源) 이상향으로 생각하였으며, 서양 사람들은 그 마을을 에덴동산이라 불렀다. 아름답고 먹고 자는 데 걱정이 없고, 병과 죽음이 없으며, 언제나 평화롭고 평등하여 차별을 받지 않고, 즐거움 기쁨 속에 살 수 있는 이상향이 유토피아다.

성경에는 중앙에 생명나무가 있고, 선악을 알게 하는 나무가 있다고 하였으며, 그곳에 강이 있는데 그 이름이 비손·기혼·힛데겔·유브라데라고 적혀 있어 그곳이 바로 지금의 티그리스 유프라테스가 아닌가 생각된다. 그래서 현대의 학자들은 메소포타미아 즉 현재의 이라크를 가리킨다고 단언하고 있다.

"강이 에덴에서 발원하여 동산을 적시고 거기서부터 네 줄기로 갈라져 흘렀으니, 첫째 이름은 비손이라 금이 있는 하윌라 온 땅을 둘렀으며, 그곳에는 베델리넘(芳秀林脂)과 호마노도 있었다. 둘째 강의 이름은 가혼이라 구스 온 땅에 둘렀고, 셋째 강 이름은 힛데겔이라 앗수르(앗시리아) 동편으로 흐르며, 넷째 강은 유브라데더라."

〈창세기 2 : 10∼14〉

　지금은 이 땅이 해안선이 내륙으로 후퇴하고 육지의 침강 작용으로 에덴지역이 걸프만 수면하에 있다는 학설도 있지만 인공위성 랜드셋(Landsat)이 레이저로 투사한 결과 사하라 사막에서 에덴이 발원하여 네 강이 흘렀던 자리를 발견하였으니 그것이 지금으로부터 20만년 전의 일이라 생각하게 되었다.
　그래서 그리스의 헤스페리데스(Hesperides) 정원(황금사과 밭)은 구약 에덴동산 수천년 전에 있었음이 밝혀졌고, 또 수메르의 이상향 딜문(Dilmun)에서 연유되었다는 학설도 나오게 되었다.

　"세상 서쪽 끝에는 헤스페리데스의 정원이 있었다. 그 정원은 헤라 여신의 것이었지만 세 요정이 돌보고 있는데서 헤스페리데스의 정원이라는 이름이 생겼다. 그 정원에는 황금사과가 열리는 나무가 있었는데 황금사과는 불멸을 가져다 주는 생명의 열매였었다. 그 나무는 헤라여신이 제우스신과 결혼할 때 대지의 여신 가이아가 선물로 준 것이다. 거기에는 머리가 백개 달린 뱀 라돈(Ladon)이 나무를 휘감고 잠도 자지 않고 지키고 있었다. 그런데 훗날 헤라클레스가 뱀을 물리치고 사과를 빼앗아 갔다."

〈그리스 신화〉

　그러니까 '에덴'이라는 말은 수메르어 에딘(Edin ; 초원지대·평원·황야)에서 온 것이 아닌가 생각된다. 아카스어로는 에디누(edinu)다. 셈어에서 덴(dn)은 '풍부한', '우거진'의 뜻인데 히브리어로는 '환희'를 뜻하기 때문에 지명이 기쁨으로 이해되었던 것으로 상상할 수 있다.

불교에서는 서쪽에 극락세계가 있는데 한량없는 수명(無量壽)과 빛(無量光)을 가진 아미타불이 마흔여덟 가지 원력에 의하여 열 가지로 장엄되었다(十種莊嚴) 하니 이 또한 여기서 영향 받은 것이 아닌가 생각된다.

나는 중학교 때 목포상업학교의 목표(目標)가 미육군 의무대 커두시어스(Caduceus)로 형성되어 그 목표가 어디서 연유된 것이냐 물었으나 누구 하나 똑바로 답변해 주는 사람이 없었다. 그런데 이제 와서 오리엔트문명을 보니 이집트·그리스의 아트라하시스 점토판(BC. 1900년)에서 연유된 것을 알 수 있었다. 장차 우리 인간은 2중 나선형 유전자 배열 구조에 의하여 생명의 나무가 새롭게 탄생될 시기가 오리라 상상할 수 있다.

남자와 여자 이야기

성서에 남자는 "하나님이 자기 형상대로 처음 만드신 것이다"(창 1 : 27) 하였다. 최초의 남자 아담은 "흙으로 만들어졌으며 하나님이 그 코에 생기를 불어넣어 성령이 되게 하였다"(창 2 : 18, 22)고 기록되어 있다. 이것이 4004년 전의 인간 창조설화이다.

그런데 고대 근동 바빌로니아와 앗시리아에서 발견된 점토를 보면 아트라하시스(Epicot Atrahasis) 서사시에 이런 글귀가 있다.

"태초에 사람이 만들어지기 전에는 신들만 있었다. 그 신들은 고위계급의 신인 아눈나키(Anunnakis Anunna-gods)들과 하위계급의 신인 이기키키(Igigikis Ilgigi-gods)들이 있었다. 아눈나키들은 이기키키들에게 범람을 막고 농경을 위해 강과 운하 바닥에 쌓이는 침적토 준설작업을 끊임없이 시켰다. 하위계급의 신들은 고된 노역에 지쳐 쌓인 불만이 폭발하여 반란을 일으킨다. 신들의 신인 엔릴은 모신인 닌후르사그(Ninhursag)에게 이들의 노력을 대신할 룰루(lulu : 수메르어 인간)를 만들게 한다. 닌후르사그는 항의를 주동한 낮은 계급의 신들의 우두머리인 아윌루(As-ilu)를 잡아죽이고 그의 살과 피를 점토와 섞은 다음 사람을 만든다. 그리하여 인간은 절반의 신성과 지능을 지니게 되었으나 데모하던 습성이 남아 포악을 부리게 되었다"

이것이 원죄 인간의 시초다. 반란을 주도한 신의 살과 피로 사람을 만들었으니 말이다. 또 인간은 흙에서 나왔으므로 흙으로 돌아갈 운명이라는 것도 암시하고 있다.

이로써 보면 성서 창세기 인간신화가 어디서 연유된 것인지를 명백히 알 수 있다. 그뿐 아니라 BC. 5~6천년 전에 만들어졌다고 하는 인도 힌두교의 창조설화가 바라문(天神)·찰제리(王神)·바이샤(평민)·수드라(노예)가 어디서 나왔는지도 알 수 있게 하고 있으며, 불교의 천인장래설(天人將來說 ; 외계(光天)에서 사람이 왔다는 학설)도 여기서 연유된 것이 아닌가 생각된다.

"태고에 50명의 아눈나키(Annunaki : 天神)들이 페르시아만에 도착하였다. 그들은 과학자 에아(Ea)의 지휘 아래 지구에 식민지를 만들었다. 그의 목적은 모성(母星)인 니비루(Nibiru)의 대기변화를 조절하기 위한 황금입자를 얻기 위해서였다. 니비루의 통치자 아누(Anu)는 엔키(Enkii)와 엔릴(Enlil)을 지구로 보내 일을 제촉한다. 엔릴은 에딘(Edin)에게 일곱 개의 신의 도시를 세웠는데 여기서 40만년 후에 수메르 문화가 꽃핀다.

태양계의 행성 니비루의 거대한 타원궤도에서의 공전주기는 지구 시간으로 3600년을 1샤르(shar)라고 불렀다. 아눈나키들이 43만2천년 전에 먼저 지구에 와 하위신들 이기기키들을 40샤르(44000년) 동안 금을 채굴하는 중노동을 시켰다. 마침내 그들은 반란을 일으켰다. 엔릴은 그들을 처벌하고 신들은 회의를 열어 엔키의 충고로 의사 닌마흐(Ninmah)의 힘을 빌려 인간을 만들기로 하였다. 신을 대신할 원시 노동력을 얻기 위해서였다. 엔키는 젊은 아눈나키의 정자와 원인(猿人)의 난자를 수정시킨 다음, 아눈나키의 자궁에 넣어 인간을 탄생시켰다. 엔키는 자신의 아들 닝기시지다(Ningishzidda)에게 유전자 조작과 체외수정으로 인간을 만드는 지식을 전하였다."

이것이 아트라하시스 서사시를 유전자공학으로 독특하게 해석한 시친(Z. Sitchin)의 라엘리즘(Raelism)이다.

이로써 보면 수메르의 엔키는 뱀·구리·치료·유전자의 별명을 지니고 있음을 알 수 있다. 엔키를 나타내는 상징은 커두시어스(Caduceus : 두 마리의 뱀)이다. 히브리어로 뱀은 나하쉬(nahash)로 "비밀을 알고 해결하는 자"라는 뜻이다. 곧 금속광산 경영자를 말한다. 뱀이 얽힌 모양 QNA의 2중구도(유전자조작)다. 엔키에 대한 전승은 고대 여러 국가로 전파되었으니 이집트의 쏘쓰(Thoth), 그리스의 헤르메스(Hermes), 로마의 머큐리(Mercury)로 이어져 지금은 미국의학의 상징(두 마리의 뱀이 꼬여있는 모습)으로 되어 있다.

그러므로 고대 이집트에서는 숫양의 머리를 가진 크놈(Khnum)신이 흙으로 인간을 만들자 그의 배우자 헤케트(Heket) 여신이 생명을 불어넣어준 것으로 된 것이다. 람세스 3세의 신전벽화와 기자의 스핑크스 코가 떨어져 나간 이유가 여기 있다. 인간의 영혼은 신의 입김과 동일시하여 거듭 태어날 때는 코가 깨지고 새로운 성령을 받아 지니게 되기 때문이다.

그러면 아담의 원형은 어디서 왔는가. 아다파 서사시의 아다무에서 왔다고 한다.

"지혜의 신이자 바빌로니아의 성도 에리두의 수호신인 에아는 진흙으로 최초의 인간 아다파(아다무)를 창조하여 아들로 삼았다. 에아신은 신들의 낙원 딜문(Dilmun)에서 운명을 에리수로 가져다주었다. 어느 날 아다파는 에아신에게 바치려고 페르시아만에서 고기잡이를 하고 있을 때 바람새(storm-bird)가 일으키는 강한 남풍에 그가 타고 있던 배가 뒤집어졌다. 그는 화가 나서 그 바람새(風鳥)의 날개를 부러뜨렸다. 나중에 알고 보니 그 바람새는 남풍의 신 닌릴(Ninlil)이었다. 그리하여 하늘의 신 아누는 인간이 신을 공격한데 대해 진노하였으며, 아사파는 심판에 소환되어 그 벌로 죽음의 음식을 먹이려 하였다. 이 계략을 알아차린 에아가 아다파에게 아누가 주는 음식에는 일체 손을 대지 말라고 일러 주었는데, 아누는 이와 반대로 영원의 생명의 빵과 물을 갖다 주었는데 아다파가 에아의 충고를 따라 그것을 입에 대지 않음으로써 아다파는 영생불사의 신이 될 기회를 놓쳤다."

〈바빌로니아 신화〉

이 신화로 보면 구약의 편집자들이 아누신을 여호와로, 에아신을 뱀으로 바꾸었을 뿐이다. 그래서 요즘 이스라엘 역사가들은 아아파(아다무)가 곧 아담의 원형이라 인정하였다. 그러니까 인간이 신의 정원관리인이 되어 있다가 지혜의 신 뱀에게 물려 타락하게 된 것을 알겠다.
　그런데 한 가지 에아신의 평원에 있는 에리두의 정원에 심어져 있던 메스(Mes) 나무와 키스카닉(Kiskannu) 나무 즉, 선악과 즉 생명의 나무는 사과나무가 아니라 대추야자였다고 식물학자들은 밝히고 있다. 어떻든 인간은 신의 계략에 의하여 신의 노예가 되고 영생을 얻지 못한 진흙 인간으로서 종지부를 찍게 되었다는 것을 이 설화는 가르쳐 주고 있다.

그러면 아담의 갈비뼈에서 나왔다는 이브의 역사는 어떻게 탄생되었는가.

"생육하고 번성하여 땅에 충만하라 땅을 정복하라 모든 생물을 다스리라"(창 1 : 27~28)

명령을 받은 여자, 그러나 그 여자들은 하나님께서 사람을 돕는 배필로 아담의 갈빗대를 뽑아 만들었으므로 "남자의 뼈 중의 뼈, 살 중의 살"이라 하였다.

그러나 이 세상 최초의 죄가 여자로 인하여 생겨났기 때문에 구약의 족장들은 독신일 경우에는 여자는 아버지를 따르게 하고, 결혼했을 경우에는 남편을 따르게 하며, 과부일 경우에는 남편의 형제나 장자에게 종속되게 하였다. 그래서 여자의 이름을 '이샤(ishah)'라고 부른 것이니 재산상속을 가진 남자 바알(baal)에게 속한 여자라는 뜻이다. 따라서 아내는 그녀를 지배하는 주인의 소유권에 제약을 받아 남편은 아내를 거부할 수 있으나 아내는 남편과 이혼할 수 없었고, 아내는 아들이 있는 경우 상속받을 권리도 없었다. 아버지나 남편의 동의가 없이는 하나님께 서원할 권리마저 갖지 못하였으므로 여자는 성소 안에 들어가지 못하고 성소 문밖에서 음식을 먹고 예식·춤·성가·합창·행렬에 참여할 수밖에 없었다.

그러나 솔로몬 시대에는 이방신을 섬기던 마아가 이세벨 아달랴 등도 있었으며, 선지자 일을 직접 보았던 미리암·드

보라·훌다 등도 있었다.

그러니까 대부분의 여자들은 남자의 종으로써 겸손하게 살았기 때문에 아비가일·밧세바는 다윗을 '주'라 함으로써 '스스로 종노릇 하는 여자'라 칭했고, 한나·마리아도 자신을 여종, 계집종이라 불렀다. 그리고 본부인이 아이를 낳지 못했을 때 하갈과 실바·빌하처럼 아이를 낳아주는 여종도 있었다.

그러나 예수님은 인도 유학 후 남녀차별을 없앴다. 예배소의 제한구역을 없애고 손으로 성경을 만지는 것도 허용했으며, 야곱의 우물에서 물 긷던 여인과 공개적으로 대화하고, 자기 곁에 가까이 앉아 있던 마리아를 칭찬했으며, 죄 많은 여인이 자신의 발에 향유를 바르는 것도 말리지 않았다. 혈루증 여인이 자신의 몸 만지는 것도 벌하지 아니했는데, 하물며 다른 것이야 더 말할 것 있겠는가.

구약에서는 결혼과 이혼을 엄격하게 구분했으나 예수님은 절대평등하게 대했으며, 간음에 대해서도 한쪽에만 책임이 있는 것이 아니고 쌍방이 다 죄가 있다고 보았다. 그러기 때문에 항상 예수님 곁에서 예수님 일을 도왔던 마리아와 마르다 막달라 마리아 등이 갈릴리로부터 골고다에 이르기까지 예수님을 따랐고, 심지어는 빈 무덤에서 소생했을 때도 가장 먼저 목격한 사람들이 여인들이었던 것이다.

그러면 예수님은 어찌하여 그렇게 차별적인 여인들을 평등심으로 대했던가. 이것은 인류의 역사 가운데서 모계중심사회에서 살던 남성들이 남성해방을 알리는 충성심을 이미 알고 있었기 때문이다. 태초 이래 인간은 어머니 뱃속에서 자라 어머니 젖을 먹고 살아 결국 어머니(여자)를 위해 일생을 노역하다가 끝났다. 오랜 세월 견디다 못한 농어민 사냥꾼들이 여자를 남자의 종속인으로 만들려면 남자의 뼈에서 꺼내야 남자의 품에 쏙 들어 올 수 있다는 설화에서 연유된 것이다.

그러니까 이 또한 아트라하시스 서사시에서 연유된 것임을 알 수 있을 것이다.

"수메르의 이상향 딜문에서는 니후그사그에게서 수메르의 물의 신 엔키의 갈비뼈의 통증을 치료하기 위해 닌티(Ninti)라는 딸이 태어났다."

〈아트라하시스 서사시〉

수메르어로 닌(Nin)은 여왕·여신·여인이고, 티(ti)는 갈비뼈, 생명을 주다의 뜻이다. 그러므로 닌티는 '갈비뼈의 여인' '생명을 주는 여인'이라는 뜻이 된다. 남자의 갈비뼈에서 여자가 어떻게 탄생하였는가는 이 설화를 보면 분명해진다. 이 설화는 구약성서가 만들어지기 수천년 전의 이야기다. 그런데 지금 남자들의 갈비뼈 좌우가 모두 12개로 되어 있으니 그 하나 빠진 갈비뼈가 언제 생겼는지 알 수 없다.

그런데 구약성서 창세기에는 서로 다른 두 전승자료가 편집되어 있다. 사제전승(창 1 : 27)에는 남녀가 동시에 만들어졌다고 하여 평등사상을 주장하였는데, 거기에 나타난 여인은 이브가 아니라 릴리스로 나온다.

그리고 유대교의 기록이나 카발라(Kabbalah)에서도 남녀를 동시에 만들었다고 말한다.

"아담의 첫째 부인이 성욕이 강하여 여성상위를 고집하였으므로 결국 신과 아담으로부터 버림을 받아 음탕한 마녀로 전락하였으므로 제2의 여인을 만들게 되었다."

〈이사야서, 사해문서·탈무드〉

사실 이집트의 고대사회에서는 여성상위의 성교를 하였으나 유대사회에서 이것을 바꾸기 위하여 여성상위의 체위를 금하고 장차 기독교에서는 성교체위나 그 횟수까지도 제한하게 되었다.

"성행위는 죄악이니 월·화·수요일에만 하고 일요일에 해서는 안된다. 정한 날짜를 어기면 기형아가 탄생하고 문둥병에 걸린다."

〈이사야서, 사해문서·탈무드〉

이것이 장차 베드로를 주축으로 한 사도들이 막달라 마리아를 중심으로 하는 여성사도들을 쫓아내고 교회의 지배권을 잡는데 정당한 이론으로 사용하였던 도구이다. 그러나 기독교의 그노니스(Gnosis) 학파에서는 "여자는 신을 인식하는 영을 가졌으므로 아기를 낳고 남자는 그 영이 없어 아이를 낳지 못한다" 하고, "남자는 영적인 의식을 일깨워준 여자에게 빚을 지고 있으니 감사해야 한다"고 하였다.

선과 악, 죄와 벌

선이란 가치 있고 올바르며 좋은 것을 뜻하고, 악은 그와 반대되는 것이다. 그러므로 성서에서는 "악은 인간의 관점에서 보면 비생산적이며 해가 되는 것이다" 하였다.

그리고 죄는 범죄로 양심의 가책을 받는 것이고 벌은 범죄로 인해서 형벌을 받고 고통을 느끼는 것이다.

성경에서는 하나님께서 에덴동산에 정원을 만들고 아담과 이브를 그 안에 살게 하였는데, 그 산에는 따먹어서 괜찮은 나무 열매도 있었지만 따먹으면 안 되는 선악과도 있었다. 그래서 하나님께서 명령하시기를,

"각종나무의 실과는 네가 임의로 먹되 선악을 알게 하는 나무 과일은 먹지 말라."(창세기 2 : 16)

하였다. 그런데 이브가 뱀의 꾐에 빠져 그 과일을 따먹고 아담에게도 주어 먹게 하였으므로 아담은 양심에 가책을 받아 먹다가 목에 걸렸으므로 목이 튀어나오는 후골(候骨)이 생겨났다 한다.

사실 세계에는 인류의 역사를 바꾼 네 개의 사과가 있다. 첫째는 아담과 이브의 사과이고, 둘째는 트로이 전쟁을 일으킨 파리스의 사과이고, 셋째는 자유항쟁을 일으킨 윌리암 텔의 사과이고, 넷째는 만류인력을 발견케 한 뉴튼의 사과이다.

그러나 에덴동산의 사과는 아담이 따먹기 전 약 1200년 전의 나무과실로 많은 사람들이 오랫동안 따먹고 있었던 과실이다. 그러면 어떻게 하여 유독 성경에서만 그런 금기가 나타났는가. 첫째는 언어의 혼돈에서 온 것이고, 둘째는 숨어있는 비유를 잘못 이해한데서 온 것이다.

라틴어 말룸(Malum)은 사과이고 말루스(Malus)는 악인데 이것을 복수형으로 읽을 때는 말라(Mala)라 하여 그 발음이 똑같다. 그러므로 사과의 번역을 잘못한데서 연유되었다고 성경학자들은 말하고 있다.

두 번째 남성의 성(性)은 계란 사과와 같아 여자가 따 먹으면 나고 죽는 고통을 겪는 아이를 생산하게 되므로 아이 없이 영생하라 한 것을 따 먹음으로써 그 속에서 죽음의 씨앗이 탄생하게 되었다는 것이다.

그러면 어찌하여 뱀이 그 속에 개입되었는가. 문명발상의 큰 강이 있는 농경사회에서는 뱀이 용으로 둔갑하여 비와 재복을 내려주는 신성한 존재로 보고 있다. 그러나 사막이나 산악지대에서 목축을 하고 가축을 기르는 유목민에게는 뱀이 사악한 존재로 인식되었다.

또 뱀은 예로부터 민활한 움직임과 교활한 속성 때문에 공포의 대상이 되어 왔으나 한편 허물을 벗어 새롭게 태어나는 생리를 가진 것으로도 부활의 상징으로도 인식되었다. 또 그들이 살고 있는 동굴은 죽은 사람을 매장하는 무덤, 남자의 생식기를 죽이는 자궁으로 인식하였다. 크리슈나·오시리스·디오니소스·미트라·짜라투스트라·예수 등이 모두 죽음의 구렁에서 되살아난 구세주들이다.

그러므로 그것은 결코 나쁜 의미의 생물이 아니었으나 이집트 말 사타(sata)가 히브리어 사탄(satan)으로 쓰여지면서 이슬람교에서는 샤이탄(shaitan)이라 써 결국 하나님과 적대되는 마군(魔軍)으로 인식하였다.

동양에서는 뱀을 사천문(巳天文)으로 보아 지혜와 학문에 통달한 문인에 비유하고, 불교에서는 호법신장으로 보고 있다. 사실 이집트 신화에서 보면 뱀은 샤헤르(shaher)는 태양신 라(Ra ; 천국)에 들어가는 북문을 지키는 신이자 인간에게 광명을 주는 신으로 보았다. 그가 세상에 내려올 때는 항상 불사(不死)의 뱀 몸으로 내려왔기 때문에 사람들은 그를 사타(sata)라 불렀다.

어쨌든 성서의 사람들은 뱀의 유혹에 의해 금단의 과일을 따먹음으로써 원죄를 짓게 되었다고 하는데, 사실 이 말은 구약에도 없는 유대민족만이 가질 수 있는 신화이다. 그러므로 창세기 4 : 7에 "죄의 책임은 오직 너에게 있느니라" 하였은 즉, 그 자손들에까지 유전될 것은 없다는 것이다.

기독교에서는 "오로지 예수 그리스도에 의해서만 원죄에서 벗어날 수 있다"고 주장하는데, 그렇다면 예수 이전의 모든 사람과 그들 조상은 모두 지옥에 들어가 죄고를 받고 있다고 보아야 할 것인가. 그리고 예수님과 관계가 없는 창세 이후 수천년 전부터 살아온 인류의 조상은 어떻게 될 것인가.

사실 아우구스티누스의 원죄설로 인하여 순진무구한 아이들까지도 유아세례를 받고, 유아에서 무덤에 들어갈 때까지 죄인으로 각인되어 중세 천년이 암흑기로 변하였다. 지금 미국이나 유럽에서는 원죄설이 폐기되어 기독교가 사양길을 걷고 있는데, 오직 아시아에서만 극성을 부리고 있다 한다.

불교에서는 선을 '좋은 것' '지장 없는 것' '바른 것'으로 인식하고, 악은 그와 반대되는 개념으로 보았다. 부처를 구하고 중생을 살피는 일이 지극히 선한 일이기는 하지만 선한 것도 없는 것만 못하기 때문에 6조대사는 불사선(不思善) 불사악(不思惡)하라 한 것이다.

유가에서는 선을 쌓으면 반드시 경사스러운 일이 생긴다 하고, 도가에서는 기쁨을 주는 약이지만 병 없는 사람에겐 약이 필요치 않다 하였다.

선인선과(善因善果) 악인악과(惡因惡果)는 인과의 법칙이지만 시간과 공간 속에 살아가는 중생들의 이야기이고 한 가지 깨달음을 얻어 시공을 초월한 상상선인(上上善人)에게 그것은 오히려 걸리적거리는 누더기에 불과하다 하였다.

공포의 신 여호와

 신이란 영묘한 작용을 가진 마음과 영혼 정신을 말한다. 객관적인 면에서는 우주에 존재하는 모든 물상을 통틀어 신으로 보는 경우도 있고, 주관적인 입장에서는 마음속에 들어 있는 영혼만을 신으로 보는 경우도 있다.
 불교에서는 땅 위에 존재하는 금강신・족행신・도량신・산신・물신 등 19신장과 아수라・가루라・긴나라 등 8대신장, 제석천・야마천・범천 등 천신들을 통틀어 신으로 보고, 기독교에서는 이들 모든 신들은 잡신으로 보고 오직 여호와 신만을 천지창조의 유일신으로 본다.

 인도사람들은 자재천신・스바신・브라만신 등을 우주의 창조신으로 보고, 그들 신들에 의해 만들어진 모든 물상 속에는 그들 정신이 그대로 들어있기 때문에 신 아닌 것이 없다고 본다. 어떤 사람은 신도 남자신・여자신・아버지신・아들신이 있으므로 그 권력도 서로 교차되면서 세상을 다스린다고 하여 교차신론(交叉神論)을 주장하는 사람도 있다.

 그러니까 신들은 크게 나누면 유일신・창조신・범신(汎神)・교차신 등 여러 신으로 분류할 수 있으나 성경의 신은 유일신으로 여호와라고 부른다. 히브리어에서는 그 이름을 '테트라그라마톤'이라 부르고 'YHWH'라 썼는데 이는 매우 신성한 것이므로 함부로 불러서는 아니된다 하여 발음할 때는 '아도나이(adonay)'라 하였다. 여호와 또는 야훼·야웨는 '주' 또는 '하나님'이라는 뜻이다.

그러나 유대인들은 레위기 24 : 16의 말씀을 의지하여 "여호와의 이름을 훼방하는 사람은 그를 반드시 돌로 쳐서 죽이라" 하였으므로 두려워 함부로 이름을 부르지 못했다. 사실 모세 이전에는 그 이름이 널리 알려져 있지 않았다. 그 이름이 함축하고 있는 내용이 풍부하여 제대로 계시되지 않았기 때문이다. 단지 모세에 이르러 그 이름은 "그 백성의 하나님이 되시며, 그 은혜가 신실하여 불변한다는 것을 보증" 하였던 것이다.

그러나 그 신은 질투의 신으로 미워하는 자의 죄를 갚되 아비로부터 아들에게로 3대까지 이르게 하므로 사람들은 겁이 나서 함부로 이름도 부르지 못했다.

"이집트의 피라오 맏아들로부터 여종과 모든 짐승에 이르기까지 모조리 죽이라. 이집트 전국에 전무후무한 큰 곡성이 있으리라."

〈출애굽기 11 : 5~6〉

"네 하나님 여호와께서 그 성읍을 네 손에 붙이시거든 너는 칼로 그 속의 남자를 다 쳐 죽이고 오직 여자들과 유아들 육축은 네 것이니 취하라. 이민족의 성읍에서는 호흡 있는 자를 하나도 살리지 말라."

〈신명기 20 : 13~16〉

  그래서 학자들은 "여호와는 유대의 민족신이지 인류 전체의 신은 될 수 없다"고 하였다. 여호와 신은 아브라함과 모세에게 가나안에 살고 있는 많은 민족들을 모조리 죽이고 그 땅을 빼앗아주는 대가로써 자신만을 믿고 섬기며 율법을 준수하라 하였기 때문이다.
  이렇게 구약성서의 여호와신은 진노하고 보복하고 저주하고 살육하는 사막의 신, 유목민의 신이었으므로 토인비는 '유대의 민족신'으로 점찍고 "세계전쟁을 방지하려면 예수의 정신을 받들어야 한다"고 하였다. 왜냐하면 예수는 여호와를 자신들만이 믿는 민족신이 아니고 우주의 절대신으로 확대하여 신앙하였기 때문이다.
  그러나 유대교에서는 지금까지도 자신들만의 신이고 기독교나 이슬람교도들은 서자와 같은 존재라 하여 아직도 중동지방에서는 전쟁이 끊이지 않고 있다.

  1964년 고고학자 파올로 마티에씨는 로마대학 발굴단을 데리고 시리아 알레포 서남쪽 54km 지점에 있는 텔마르틱을 발굴하여 그곳이 옛 시리아의 고대도시 에불라임을 확인하였다. 그리하여 1975년에는 그곳 왕궁도서관에서 1만7천점의 점토판 문서를 발견하였는데, 그 가운데는 구약성서 창세기 히브리인의 선조 에벨(Eber)도 있었다. 그들은 이브리움왕 때 엘(El)신을 숭배하였는데 그 이름이 장차 엘라(Elah : 여호와) 엘로(Eloh)로 변천하였다가 알라(Allah)가 되었다고 하였다.
  에블라의 점토판에는 이렇게 여호와의 원음뿐 아니라 이삭의 아들 에서의 이름이 예사움(Esaum)으로 나오고, 이스라엘의 초대왕 사울 이름은 사울름(Saurlum), 2대왕 다윗은 다비움(Davdum)으로 나와 여호와뿐 아니라 성서의 인물들이 에블라 왕국에서 유래되었음을 시사하고 있다.

그래서 민희식 교수는 여호와의 이름을 세 가지(① 노아의 신 ② 이삭을 죽이라 한 신 ③ 모세에게 나타난 신으로 표기하고, 아브라함과 이삭·야곱에게는 엘 사다이(El shadday : 산신)로 인식된 것이 후에 전능하신 하나님으로 나타나게 되었다고 설명하였다.

그러니까 여호와신은 처음에는 에불라 왕국의 천신(天神 : Dingir)으로 여러 신 중의 일부였으나 차차 유대의 민족신으로 확립되었다. 말하자면 처음에 엘로힘(Elohim : 신들) 즉 복수형의 이름으로 나타났던 것이 다음에는 단수형으로 고정되었기 때문이다.

"너는 당장에 가서 아말렉을 치고 그 재산을 사정보지 말고 모조리 없애라. 남자·여자·아이와 젖먹이, 소떼와 양떼 낙타와 나귀 할 것 없이 모조리 죽여야 한다."
〈사무엘 상 15 : 3〉

"사마리아가 그 하나님을 배반하였으므로 형벌을 당하여 칼에 엎드려질 것이요, 그 어린아이는 부셔뜨리며, 그 아이 밴 여인은 배가 갈리우리라."
〈호세아 13 : 16〉

그래서 어떤 역사가는 "유대민족 하나만 남고 이 세상의 모든 종족은 없어져야 전쟁이 그치고 평화가 올 것인데 이것을 어찌하면 좋을꼬!" 한탄하는 사람도 있었다.

종족이 다르면 당연히 조상도 다르고, 그 조상이 믿는 신도 다른 것인데 내 조상, 내 신을 믿지 않는다고 모조리 죽이고 빼앗고 불태우는 것은 진실로 평화의 종교가 될 수 없다. 그러므로 중국에서는 옥황상제가 목이 부러지고 한국에서는 단군왕검이 앉고 설 자리를 잃게 된 것이다. 내 조상도 믿고 남의 조상도 사랑한다면 세상이 우애 속에 평화가 올 수 있는데, 내 조상은 마귀이고 남의 조상은 천신이라 따르니 세상인심은 나도 알 수 없다. 무엇이 그렇게 그들을 만들어 버렸는지!

그런데 이렇게 무서운 여호와가 카인과 dk벨의 공양을 받고 살인을 저지르게 되었으니 이것은 농경민족과 유목민족과의 투쟁을 의미하는가.

성서 고고학자들은 아벨은 고대 아랍의 이빌(ibil), 즉 목축인 낙타와 어원이 같고, 카인(qyh)은 대장장이와 연관이 있다고 하였다. 그런데 히브리 사람들은 카인(cain)은 얻다, 아벨(Able)은 덧없음을 뜻하므로 카인은 큰아들로써 권세를 얻고 아벨은 덧없음으로 명이 짧을 것이라고 풀이하였다. 그러나 어떻든 동생을 죽이고 형은 쫓겨났으니 말이 안 된다.

그래서 성서학자들은 이 나라 풍습은 오래전부터 인신공희를 제물로 사용해 왔기 때문에 아벨은 곧 제물로 희생된 것이 아닌가 추측하고 있다.

노아의 방주

아담의 10세손 라멕의 아들 노아가 600세에 이르렀을 때 여호와신은 인간의 죄악이 세상에 가득함을 보고 홍수를 일으켜 인류는 물론 세상의 모든 생명까지 멸망시키기로 한다.

그 때 노아는 여호와의 계시에 따라 길이 150m 넓이 50m 높이 15m에 달하는 3층 방주를 만들고, 8명의 가족과 정결한 짐승 일곱 쌍을 태우고 150일 동안 떠다니다가 40일 동안 내린 비가 빠지자 아라랏산 기슭에 대어 번제를 올리면 무지개가 나타나 증명하고 다시는 물로 생물을 멸하지 않겠다 약속하였다.

그런데 창세기 5~8에 해당하는 이 설화는 수메르의 여리두 창세기, 바빌로니아의 아트라하시스 창세기(서사시), 길가메쉬 서사시에 나오는 홍수설화와 비슷한 점이 있다.

"사람들이 늘어나 도시를 이루자 인간성을 잃어갔다. 닌투르신은 사람을 창조한 것을 후회하고 사람들을 지면에서 쓸어버리기로 결심하였다."

〈에리두 창세기 Ⅰ~Ⅲ〉

"인간이 창조된 지 600년이 되자 땅은 불어난 사람들의 노역과 배급에 대한 불평으로 소란스러워지자 신들의 왕 엔릴 (Elil)은 폭동을 일으킬까 두려워 대홍수를 일으켜 인간을 없애기로 하였다."

〈아트라하시스 창세기〉

"노역에 불평하는 인간들이 너무 시끄럽게 하여 신들이 잠잘 수 없으므로 신들은 회의를 통해 대홍수를 일으켜 인간들을 쓸어버리기도 하였다."

〈길가메쉬 서사시〉

이렇게들 계획을 세우고 지혜의 신 엔키는 선량한 통치자 지우수드라에게 알려 방주를 짓게 하였고(에리두 창세기), 아트라하시에서는 "집을 헐어 배를 지어라. 세상의 재물을 포기하고 영혼을 지켜 살게 하라" 하고, 길가메쉬는 "모든 생물의 종자를 배에 싣고 네 가족과 친척도 태워라" 하였다.

홍수가 내린 시기를 에리두에서는 "7일 밤낮"으로 기록하고, 아트라하시스와 길가메쉬에서는 "정해진 날짜에 비가 내려 세상이 온통 물에 덮이게 되었다" 하고, 끝난 뒤에는 에두리에서는 "홍수가 끝나고 태양이 나오자 방주에서 나와 소와 양을 잡아 태양신 우투에게 제사지냈다" 하고, 아트라하시스에서는 "신들에게 제물을 바치니 굶주렸던 신들이 모두 모여 제물을 먹었다" 하고, 길가메쉬에서는 "니시르산에 도착하여 비둘기와 제비를 풀어주니 다시 돌아왔으나 까마귀를 풀어주니 다시 돌아오지 않아 물이 빠진 줄 알고 배에서 내려 신에게 제물을 바쳤다" 하였다.

그러면 이상 세 가지 학설들을 종합해 보면 창세기 8:

1~21 사이에 기록된 사실이 어떻게 짜깁기 되어 구성되었는지 그냥 알 수가 있다.

"사람이 땅 위에 번성하기 시작할 때 … 사람 지으신 것을 한탄 하시고 … 내가 지면 위에서 쓸어버리리라."
〈창 6 : 1~7〉

하시고

"칠일 후 홍수가 땅에 덮이니 … 하늘의 창들이 열려 40일 동안 밤낮으로 비가 쏟아졌다."
〈창 7 : 10~12〉

"비가 멎고 물이 줄어들기 시작하자 배를 아라랏산에 대니 까마귀와 비둘기를 풀어주었으나 돌아왔다. 세 번째 비둘기를 풀어주니 입에 올리브 잎사귀를 물고 왔다. 7일 뒤 비둘기를 풀어주었는데 다시는 돌아오지 않았다."

이 이야기는 티그리스와 유프라테스강에서 BC. 3000년경 대홍수가 있었다는 것이 메소포타미아 역사에 나온다. 수메르의 홍수설화는 슈루파크왕 지우수드라가 배를 타고 대홍수에서 살아난 이야기, 아트라하시스가 대홍수에서 살아난 동식물을 보호한 일, 우트나피쉬팀의 홍수 이야기도 모두 내용이 비슷비슷하다.

그래서 1853년 길가메쉬 서사시를 번역한 영국 외교관 헨리 롤린슨과 조지 스미스씨는 그 해 12월 왕립성서고고학회에서 이를 발표하고 "나는 이것이 노아의 홍수설화의 갈대아판의 일부라는 것을 알았다."고 하였다.

수메르의 옛왕기에 의하면 길가메쉬는 기원전 3000년경 우룩의 제일대 왕조로부터 5대왕조까지 있었다 한다. 우룩은 지금 이라크를 말한다.

그런데 여기서 한 가지 더 놀라운 것은 노아의 홍수 이후에 노아는 셈·함·야벳 세 아들을 낳았다. 노아가 포도주를 과음하고 나체로 잠이 들어 있자 함은 웃었으나 두 형제는 조소하지 않고 옷으로 덮어주었다. 깨어나서 전후사정을 안 노아는 셈과 야벳을 축복하고 함을 저주하였다. 그로인하여 셈은 셈족의 조상으로 이스라엘 백성이 되었지만 야벳은 유럽의 조상이 되고, 함은 가나안 아프리카인의 조상이 되었다. 저주 받은 함이 가나안인과 아프리카 조상이라고 한 것은 가나안인에 대한 살상과 흑인에 대한 인종차별을 한 것이라고 역사학자들은 말하고 있다. 이것이 장차 중동전쟁의 뿌리가 된 것이다.

그런데 1492년 콜럼부스가 신대륙을 발견하고 아프리카·아메리카·인디언을 발견하고 저들은 노아 홍수 이후 누구의 자손이냐 하여 교황청에 물으니 교황청에서는 홍수 이전에 이미 여러 종족들이 살고 있었음을 인정하였다. 뿐만 아니라 아라랏산 이외에도 세상에는 진짜 높은 히말라야 에베레스트산이 있었다는 것이 증명되고, 당시 배에 실었던 동식물 밖에 이 세상에는 수천종의 식물과 동물들이 살고 있었다는 것도 알게 되어 자연현상에서 나타난 노아의 홍수를 전세계적으로 꾸며 세계를 정복하려 하였다는 사실이 백주하에 드러났다.

농경민족과 유목민족

아담과 이브가 금단의 열매를 따먹고 에덴동산을 쫓겨나 신의 벌로 땀 흘려 일하며 살고 있었다. 그런데 그 부부에게서 카인과 아벨이라는 두 아들이 생겨 카인은 농사를 짓고 아벨은 양을 길러 열심히 살고 있었다.

"그런데 두 형제는 그들이 땀 흘려 얻은 수확물을 하나님께 제물로 바쳤는데, 카인 것은 받아주지 않고 아벨 것만 받아주어 이를 시기한 카인이 아벨을 죽이게 된다. 그 때문에 카인은 신의 저주를 받고 방랑길을 떠나게 되나 여호와가 카인에게 표식을 하여 다른 사람들이 그를 죽이지 못하게 하였다."

〈창세기 4장〉

그런데 이슬람의 꾸르안(코란)에서는 '카인'을 '카빌', '아벨'을 '하빌'로 쓰고 있다.

어떤 사람들은 하나님이 고기를 좋아하고 풀을 싫어하여 생긴 일이라고 쓴 사람도 있다. 그러나 이것은 농경민족과 유목민족과의 투쟁을 묘사한 글이다.

고대 메소포타미아 수메르의 신화 이난나의 구애에는 목축신 두무지와 농경신 엔킴두의 투쟁에서 연유되었다고 말한다.

"목축신 두무지와 농경신 엔킴두가 주여신 이난나를 두고 경쟁한다. 서로 자기가 귀히 여기는 선물을 바쳤는데 본래 이난나는 엔킴두를 좋아했기 때문에 엔킴두를 생각하고 있었으나 두무지가 여신을 유혹하기 위하여 엄청난 선물로 공세하다보니 이난나가 그를 받아들이자 농경신 엔킴두가 방랑길을 떠난다."

〈수메르의 신화〉

이 이야기를 보면 성서에 등장하는 인물만 바뀌었지 내용은 대동소이하다. 우리나라에서도 환인천제가 곰과 호랑이를 놓고 마늘과 쑥으로 시험하였는데, 호랑이는 도망가고 곰이 여자가 되어 단군을 낳았다고 하지 않는가. 그러니까 구약의 카인은 가나안 농경민족의 신 바알을 상징하고, 아벨은 히브리 유목민족의 여호와를 상징한다.

유대교 전래 문서 미드라쉬에 따르면 카인과 아벨은 각각 쌍둥이 여동생과 태어났다고 되어 있다. 카인이 자신과 함께 태어난 쌍둥이 여동생이 더 아름다웠으므로 그녀와 함께 결혼하기를 원했으나 아담이 신에게 번제를 올려 그 뜻을 알아본 결과 카인의 제물을 받지 아니했으므로 카인이 질투하여 아벨을 살인한 것으로 되어 있다.

성서의 외전 요벨의 서에는 이브가 아벨이 카인에게 죽는 꿈을 꾸고 각기 살도록 권했으나 듣지 않아 이런 결과가 나타났다고 써져 있다.

사실 이 이야기는 후대 이삭 이야기에서 연속된다. 사냥꾼에서와 농경자 야곱이 투쟁하여 결과적으로 농경자 야곱이 이기지만 역사는 카인처럼 방랑하게 된다(창 : 27~41).

이는 결과적으로 농경민족이 유목민족을 몰아내는 과정을 설명한 것이다. 아벨은 아랍어 이빌(ibil ; 목축자, 낙타)이고, 카인은 키인(Qyni ; 철대장장이)으로 이해된다. 또 '카인'은 얻다의 뜻이고, '아벨'은 덧없다는 뜻을 가지고 있다.

그런데 하나님께서 카인을 죽이는 자는 7배나 벌을 준다 하여 신의 보호를 받게 되었는데, 이는 유목민들이 행패를 당하면 전 부족이 나서서 보복하게 되어 있기 때문이다.

또 카인이 에덴동쪽 놋땅에 살았다 번역하였는데, 놋(Nod)이란 말은 곧 방랑, 배회를 뜻한 것인데 번역을 잘못한 것으로 되어 있다.

또 카인과 아벨 당시에는 다른 사람이 없었을 텐데 카인이 만나는 사람이 자기를 죽일까 두려워하였다 하니 혹시 아담이 930세까지 살면서 다른 자손들을 난 사람들이 있었는지 알 수 없다.

또 한 가지 의심스러운 것은 카인이 결혼한 놋땅의 여자는 누구며 그의 장인 장모는 어디서 온 사람들인가 하는 문제다.

그런데 그보다 더 중요한 것은 왜 하나님이 카인의 제물을 받지 아니하였는가 하는 문제다. 성서에는 "그가 선행을 하지 아니하였기 때문이다" 하였다. 그러나 민희식 교수는 "아벨 살해는 유목민의 인신공희 습속을 의미한다." 하였다. 왜냐하면 곡식 재물을 거부한 신이 동물이나 사람의 제물을 요구하고 있었기 때문이다. 카인이 아벨을 곡식제단 앞에서 죽인 것은 곧 제사행위로써 아벨을 하나님께 제사한 것을 의미한다는 것이다. 만일 이것이 제대로 되지 아니하면 그 일이 이루어질 때까지 농경민들은 방랑하게 되어 있기 때문이다.

그러므로 그들은 방황하다가 곧 인신공양을 통해 하나님의 죄사함을 받은 것으로 이해된다 하였다.

특히 성서에서는 카인·이스마엘·에서·르우벤과 같은 큰 아들들이 아벨·이삭·야곱·요셉과 같이 둘째 아들들에 비해 악한 자로 드러나고 있고, 바알신은 카인과 농경민을 제사장과 신앙자로 인식하고, 여호와신은 아벨과 같은 유목민을 신앙자로 추천하고 있었던 것이다.

바벨탑과 언어의 혼란

"노아의 홍수 후에 노아의 세 아들 셈과 함, 야벳의 자손이 모든 민족의 조상이 되어 각기 세계로 퍼져나갔다."

〈창세기 11 : 1~9〉

말하자면 셈의 자손은 이스라엘인이 되고, 함은 남쪽 아라비아 에디오피아인(흑인)들이 되었으며, 야벳은 동유럽 북아시아 사람이 되었다 한다.

그런데 노아의 홍수 이전에도 근동지방에는 오래 전부터 사람들이 살고 있었다고 한다. 바벨탑 이전의 수메르의 전승 신화에는 다음과 같은 이야기가 나온다.

"지구상의 인간들은 원래 한 민족이었으나 그러나 사람들이 자신들의 힘을 과신한 나머지 자신들보다 위대한 신을 업신여기고 하늘에 닿는 높은 탑을 세우기 시작하였다. 탑이 하늘에 닿으려 할 때 갑자기 신이 있는 곳에서 바람이 불어 탑이 무너졌다. 사람들은 그 때까지 같은 언어를 사용해 왔는데, 이들로 하여금 서로 다른 말을 하게 함으로써 의사소통이 되지 않아 서로 언어가 달라지고 다른 민족으로 나누어지게 되었다."

이것은 창세기 11：1~8까지의 내용과 일치한다. 그래서 서기 전 290년 바빌론의 벨로스 신관이자 역사가인 베로수스(Berosus)는 이 두 개의 학설이 거의 일치한다는 결론을 내렸고, 현대 성서학자 스티븐 헤리스는 히브리인들이 바빌로니아에서 보고 들은 대로 에테메안키(바벨탑의 본래 이름)를 구약성서에 차용한 것이라 하였다.

영국의 인류학자 프레이저(Jarnes G. Frazer)는 "이 같은 이야기는 케냐의 아사니야족, 인도 아샘지방의 카챠니가족, 오스트레일리아 인카운터만 원주민, 캘리포니아 마이두 인디언, 알레스카 트링잇족, 과테말라의 키쉬족의 시와와, 에스토니아의 신전에도 나오고 있다 하였다.

하여간 홍수 이전부터 이 세상에는 다양한 언어를 가진 인종들이 살고 있었으며, 그것이 히브리 민족에는 바벨탑 사건으로 규정지어진 것이라 볼 수 있다 하였다.

그러니까 기독교가 맹위를 떨치던 중세에 창세기 10장에 기록된 노아의 자손들이 세계에 분포된 것이 72(야벳후손 15, 함후손 30, 셈후손 27)이라 하였는데, 이것은 도저히 이치에 맞지 않는 소리다. 왜냐하면 지금 세계 인류학자들이 조사해 낸 언어는 6500개이고, 바벨탑 이전에도 3000개 이상이 있었기 때문이다.

그래서 탈무드에서는 이것의 구심점은 3H 여호와신(Yahweh) 히브리어(Hebrew) 자하브(Zahabi ; 돈)라고 말하고 있다. 설사 나라가 없더라도 이 셋만 가지면 히브리의 생존은 무너지지 않기 때문이다.

현재 유네스코에 등록된 바벨탑은 옛 바빌론의 유적지 현

이라크 수도 바그다드에서 약 90km 떨어진 지점에 있다. 바빌론은 제1왕조 함무라비, 제2 네부카드네자르(느부갓네살) 왕때가 최고 전성기인데, 그 때 이미 붉은 벽돌로 성벽도시를 건설하고 높은 신전을 지었다. 사실 바벨탑은 그 때 당시 정치・경제・문화의 중심지였던 유프라테스강 주변에 있었다.

바벨론이란 고대 아카디어 밥일림으로 '신의 문' '천국의 입구'라는 뜻이다. 그런데 그 말이 히브리어로 와서는 '혼란'이란 동사로 쓰여지게 되었다.

성서에는 바빌론 사람들이 이 여호와 신에게 도전하기 위하여 바벨탑을 세웠다 하나 이것은 허구이고 메소포타미아 전역에 건설된 피라미드형의 계단식 신전탑이다. 왜냐하면 메소포타미아 도시 중앙에는 최고의 수호신인 마르둑을 봉안한 에사길라 사원과 그 사원의 신전탑인 에테메안키(지상에 세워진 천국의 토대가 되는 신전) 지구라트를 세웠기 때문이다. 지구라트란 하늘과 땅을 연결하는 성소를 말한다. 원래 신은 높은 산 첨탑 끝을 강림도량(降臨道場)으로 생각하기 때문에 산이 없는 바빌론으로서는 도시의 중심지에다 인공산을 만든 것이 된 것이다.

그런데 BC. 689년 앗시리아 세나케리브가 침입하여 처음으로 바벨탑의 일부를 파괴하고, 그 후 에살핫든 왕과 앗슈르바니팔 왕에 의해 복구되었다. BC. 612년 나오폴라사르왕과 그의 아들 네부카드네자르 2세는 신전 지붕위에 레바논의 삼나무를 덮개로 씌워 높게 하였고, 거기 원통의 비문을 세워 다음과 같이 기록하였다.

"선왕께서 세우신 7성의 신전은 정상부가 미완인 채로 방치되어 있었기 때문에 지진과 번개로 흙벽돌이 허물어지고 외벽도 쪼개져 내부의 흙이 흩어지므로 위대하신 주 마르둑 신께서 나에게 재건하라고 해 나는 그 위치나 기초를 바꾸지 않고 옛 모습대로 다시 세웠다."

BC. 440년에 기록한 것을 보면 "각 변이 402m 문은 황동으로 되어 있고 7층으로 형성되어 있다."

여기서 태양계의 5행성(水·金·火·木·土)과 해와 달 7천체를 보고 오늘 날 우리들이 쓰는 1주일에 해당되는 달력이 만들어지게 되었다 한다. 유대교 사람들은 이 7층을 모델로 하여 7지 촛대를 만들었고, 사마쉬(9번째 촛대)도 구상하였다고 한다.

바벨탑은 BC. 479년 페르시아왕 크세르크세스왕의 침범으로 파괴되었으며 에사길라신상을 약탈해 갔다고 헤로도투스는 적고 있다. 그 후 331년 알렉산더대왕이 바빌론을 점령 1만 병정으로 2개월에 걸쳐 복구하다가 323년 6월 11일 그가 죽음으로써 중단되었다. 그 뒤 퇴폐 일로를 걷다가 1899년 독일 동방학회 프로젝트에 동참한 로베르트 요한 콜데바이가 18년 동안 80만 명의 인원을 동원하여 일을 하였고, 1900년 11월엔 에사 길라를 재발견하고 13년에는 신전지구를 발굴하다가 지구라트의 토대 위에서 에사길라 점토판(229판)을 발견하였다.

"에테메안키 재건자는 나보플라사르 오아과 네부카드네자르 2세다. 사원 이름은 에사길라(머리를 높이 든 자의 신전)이고, 정방형 토대 위에 피라미드 형태의 계량한 신전탑이다.

가로 세로 높이가 91m이다. 보르사파와 우룩에서 만들어진 사본 점토판과 대조하여 썼다. BC. 229년 12월12일 셀레우쿠스왕(戰梵王) 탄생으로부터 83년 되는 해이다."

이로써 보면 여기 사용한 벽돌이 8500만개나 된다고 하였다. 바빌론은 둘레 길이가 18m에 이르는 직사각형 모양의 2중 성곽도시다. 바깥으로 해자(垓字)를 파 외적의 침입에 대비하였고, 유프라테스강은 북에서 남으로 바빌론을 관통하고 있다. 도시는 9개의 성문과 도심을 관통하는 900m, 폭 20m의 행로가 있다. 시가지는 도로를 따라 파수에 이쉬타르문·바벨론의 공중정원·왕궁·신전이 장엄되어 있다. 특히 세계 7대 불가사의의 하나인 공중정원 등 화려한 건물들이 줄지어 있다. 이 도로를 따라 내성 입구인 이쉬타르문을 통과 도시의 중심부에 이르면 바벨탑으로 불리는 에테메안키 지구라트가 우뚝 솟아있고 그 남쪽엔 바빌로니아의 수호신 마르둑의 성역인 에사길라신전이 있다.

이 같은 모든 것은 1978년 이라크 후세인 대통령이 수백만장의 벽돌로 축조한 데도 원인이 있지만 19세기 말부터 20세기 초까지 흙더미에 파묻혀 있던 바빌론을 복원하는데 심혈을 기울였기 때문이다. 1912년에는 그렇게 '복원된 바빌론'은 세계고고학 공부의 기본 교재가 되었다.

아브라함과 이삭, 야곱시대

BC. 1800~1500년 사이 아브라함과 이삭, 야곱시대를 족장시대라 부른다. 유대교 성경 창세기와 이슬람교의 꾸르안(코란)-모두가 히브리 민족의 조상으로 아브라함을 섬기고 있다.

그런데 이 열국의 아비 아브라함에 대한 역사가 유대교에서는 둘째 아들 이삭을 적자로 보고 있다. 창세기에 따르면 BC. 918년경 그는 우르를 떠나 하란으로 갔다가 신의 계시를 받고 아내 사라와 조카 롯을 데리고 남쪽 가나안으로 이주한다. 그러나 가나안에서도 흉년을 만나 이집트로 가 아내 사라를 애굽왕에게 사라를 바쳤다. 또 이집트에서 돌아온 아브라함은 자신의 목동들과 롯의 목동 사이에 싸움이 벌어져 롯은 요르단강 동쪽으로 가고 아브라함은 헤브론 인근 마므레 상수리 숲으로 간다.

사라가 늙도록 아이를 낳지 못해 아브람은 애굽인 여종 하갈을 취하여 첫 아들 이스마엘을 낳아 이슬람교의 교조인 무하마드의 시조가 된다.

아브람은 99세에 여호와 신과 언약을 세우고 표징으로 할례를 한다. 이때 아브람이라 부르던 이름을 아브라함으로 고친다. 그 때 세 명의 천사가 나타나 사라의 득남과 소돔과 고모라의 심판을 예고하자 의인 롯을 소돔에서 구해줄 것을 부탁한다.

　아브라함은 남쪽 그랄로 이주하였는데, 그 나라 왕이 사라를 탐하자 첩으로 바쳐 90세에 아들 이삭을 낳으니 사람들은 그 아들이 아브라함의 아들이 아니라 하였다. 어떻든 그 후 신이 이삭을 희생물로 바치라 하여 150km가 넘는 길을 걸어 그를 희생물로 바치려 하자 하나님께서 양을 보내 죽이지 않게 된다.

　사라는 127세까지 살다가 죽어 에브론 막벨라 굴에 장사지내고 아브라함은 셋째부인 그두라를 얻어 시므란·욕산·므단·미디안·이스박·수아를 낳고, 175세로 죽어 사라 옆에 안장된다. 그래서 그의 자손들이 여러 민족의 수장이 됨으로 아브라함은 저절로 열국의 왕이 되었다. 그러나 당시 가나안에는 헷족(히타이트족)·아모리족·모압족·암몬족·아말렉족 등 수십개 부족들이 살고 있었으므로 원주민들과 동화된 것이 아닌가 추측하고 있다.

　예컨대 아브라함의 조카 롯이 소알에서 두 딸과 근친상간을 하여 모압족과 암몬족의 시조가 되었다 하나 그들은 수세기 전부터 가나안 지역에서 살고 있었기 때문이다. 사실 롯은 일찍부터 유목생활을 버리고 정착농경인이 되어 아브람 일족으로부터 파문을 당한 처지였다. 그렇기 때문에 그의 두 딸이 모압족과 암몬족에 흡수된 것이 아닌가 생각한다.

　유대 성전에는 아브라함이 일족을 거느리고 우르를 떠난 것은 전쟁을 피해 생존을 위해서였다고 기록하고 있다. 당시 우르는 에라오인과 아모리인들의 침략을 받고 있었기 때문이다. 메소포타미아 하란에서 잠시 머물던 그들은 안주할 땅을 찾아 가나안으로 간다.

그런데 어떤 학자들은 그 때 지진이 일어나 쓰나미 현상이 나타난 것이 아닌가 생각하기도 한다. 또 당시 알렉산드리아에 살고 있던 유대계 그리스 역사가 헤카애투스나 베로수스의 기록과 사마리아 역사가인 요세푸스에 의하면 아브라함 14세 때 그의 형제들이 신전에서 불놀이를 하다가 불이 나 하란은 불에 타죽고 나머지는 고향을 떠났다고 하였기 때문이다. 사실 그 때 유목민들에게는 어떠한 신도 아직 자리가 잡혀있지 않고 여러 잡신을 섬기던 농경민들과 섞여 있었는데 장차 유일신을 섬겨 상대방 종교를 사귀라 하고 정복하였던 것이다.

그러므로 무하마드는 "알라 이외의 다른 신은 없다" 하고, 구약에서는 "나 이외 다른 신들은 섬기지 말라"한 것이다.

사실 아브라함 아버지 이름 데라는 '달'의 뜻이고, 사라는 달의 신, 사라투의 대명사이며, 야곱의 외삼촌 라반은 '흰빛'이라 하였으니 청량한 사막 속에서 보이는 것은 하늘의 달빛이었기 때문이리라. 다행히 하갈과 그두라에게서 많은 자식을 낳았기 때문에 그들의 처절한 생존 끝에 유목민족이 농경민 중화 되면서 자리를 잡게 되었으나 지금까지도 애굽 사람들은 유목생활의 습성을 버리지 못하고 세계 각국으로 돌아다니고 있다.

또 아브라함이 사라를 두 왕에게 바친 이야기도 1887년에 발견된 아마르나문서나 1906년 발굴된 보가즈쾨이의 히타이트 문서에 의하면 북시리아에 있는 우가리트 도시에서 일어났던 일들의 하나라고 증명하고 있다.

1928년 한 농부가 밭을 갈다가 지하로 뻗어간 한 돌 계단을 발견하였는데, 1929년 프랑스 고고학자 끌로드 새페르가 발굴해 보니 BC. 1400년 된 아카드의 점토판 우가리트의 설형문자가 나타나 이것을 배경으로 보면 구약성서가 수메르에 전승된 가나안 토착민들의 종교로써 그로부터 전이(轉移)된 것이 아닌가 추측하고 있다. 거기에는 케레트왕이 먼나라 왕에게 빼앗긴 신부 프레티를 찾는 광경이 나오기 때문이다. 미국의 근동문화 고대어학자 싸이러스고든은 케레트왕이 아내를 찾는 모티브는 인도의 서사시 라마야나나 호머의 서사시 일리아드, 스파르타의 왕 메넬라오스가 왕비 헬렌을 트로이 왕자 파리스로부터 찾아오는 광경에서도 볼 수 있다 하였다.

아브라함이 두 번이나 그 아내를 저당한 것은 말할 것 없거니와 이삭이 그의 아내 리브카와 그랄에 머물 때 일로 상기해 볼 필요가 있다. 단지 이 사건은 그 이름과 모양만 달라졌지 사건 자체는 그들 사건과 방불하기 때문이다.

이것은 어떻게 보면 성상납의 나쁜 폐습이라 볼 수 있으나 살기 위해서는 어쩔 수 없이 사용했던 방편의 하나이다. 좋게 평가하느냐 나쁘게 평가하느냐 하는 문제는 그 시대 사람들이 알아서 해야 할 일이다.

아담의 첫째 부인 릴리스가 성욕이 너무 강해 남성 위에서 판을 치다가 쫓겨나 마녀 창녀가 되었다 하는 말도 우리로서는 생각하기 어려운 문제다. 왜냐하면 당시는 모계사회가 중심이었기 때문이다.

할례에 관한 것도 유태민족의 특성이라고 이야기하지만 유태민족이 형성되기 이전 이집트 문화에서는 고급지성인들일수록 할례를 해왔던 것으로 판명되었고, 그것이 장차 애굽에 이르러 애굽 민족의 특징으로 부각 되었는데, 성서의 원전 우가리트 문서를 보면 다른 설명이 필요치 않다.

이로써 미루어보면 기독교의 여호와는 인신공희를 즐겼던 성신이고, 이성을 팔고 근친상간을 해도 말 한마디 하지 않았던 온유한 영신이었으며, 스스로 신세지고 살았던 농경민족들을 수없이 살육하는데도 나무라지 않는 강대한 정복주의적 신이었음을 알 수 있다. 그러므로 이 신을 믿는 이슬람·유태교·기독교는 다른 민족은 말할 것도 없지만 자기네 종족들끼리도 3천년이 넘는 세월을 두고 죽이고 살리기를 거듭하고 있는 것이다.

〈롯 싸이러스 고든〉

요셉과 모세 이야기

요셉은 아브라함의 증손이다. 이삭과 아들 야곱에게 4명의 부인이 12명의 아들을 낳는데, 요셉은 그 가운데 11번째 아들로 두 번째 부인 라헬의 소생이다. 야곱이 요셉을 사랑하여 후계자로 삼고자 하자 형 유다가 중심이 되어 지나가는 애굽 상인에게 팔아버렸다.

애굽에 간 상인은 애굽 군대 시위대장 보디발에게 요셉을 파는데 대장의 부인이 요셉을 사랑하여 겁탈코자 하자 거절하였더니 중상모략을 하여 왕의 감옥에 갇히게 되었다. 그런데 그 때 감옥에는 궁전 감독 두 사람이 와 있었는데, 요셉은 그들이 꾼 꿈을 해석해 주어 그들이 감옥에서 풀려나게 된다.

그 후 2년 있다가 애굽왕이 나일강변에서 일곱 마리의 살찐 소가 풀을 뜯어 먹고 있었는데 갑자기 마른 소가 달려들어 살찐 소를 다 잡아먹어버리는 꿈을 꾸었다. 또 한 줄기에 일곱 개의 무성한 이삭이 자라더니 일곱 개의 시든 이삭이 나와 모두 삼켜 버렸다.

임금님께서 해몽하지 못해 고민하자 그 감옥에서 풀려났던 관리가 당시의 상황을 상기하고 왕에게 알리니 요셉은 7년 풍년에 7년 흉년이 올 징조라 해석하며 풍년에 곡식을 저장했다가 흉년에 풀면 될 수 있다고 하자 임금님은 그를 총리

대신으로 임명하였다. 과연 7년 후 이집트·가나안·메소포타미아에 대기근이 와 그의 형제들이 먹이를 구하러 오자 처음에는 3일간 구금하였다가 전 죄를 뉘우치자 풀어주고 곡식을 주어 해방시켰다.

그런데 이 이야기는 요셉이 원 주인공이 아니라 그리스의 벨레로폰을 원전으로 각색한 것이었다. 그 이야기를 들어보면 다음과 같다.

"코린토스의 왕자 벨레로폰은 본국에서 일으킨 사건으로 아르고스의 왕 프로이토스에게 피신한다. 그런데 왕비 안테이아가 그를 보고 욕정을 품었다가 소망을 성취하지 못하자 보디발의 부인처럼 고발, 왕의 장인에게 보내 이를 죽이라 하였으나 도리어 신임을 받고 이오바데스왕녀와 결혼하게 된다."

그런데 1890년 미국 고고학자 찰스월비 교수는 나일강 시힐섬에서 이집트 제3왕조 때의 상형문자를 발견하게 되는데, 거기에 총리대신 이모텝이란 자가 7년 가뭄을 구해낸 사건이 기록되어 있었다. 이모텝은 평민출신 총리로서 그의 재능과 재주가 천부적이었다. 시인이자 의사며 고위 성직자를 지낸 이모텝은 장차 조세르왕녀 사카라 피라미드를 건설하기도 한다.

이모텝은 소득의 10분의 1을 세금으로 징수하도록 하였으나 구약에서는 이것을 20%로 하였다. 그 때 당시 이집트 지하장소에 식량창고가 만들어져 있었는데 이집트는 이로 인하여 막대한 부를 축적하였다.

그러므로 이 두 개의 설화를 결합해서 보면 요셉 이야기가 어떻게 꾸며졌는지 짐작이 갈 것이다.

모세의 출애굽기는 실로 극적인 요소가 많이 들어있다. 레위의 후손으로 아버지 아브람 어머니 요게벳 사이에서 아론과 미리암의 동생으로 태어났다. 그가 태어날 때 애굽의 바로는 이스라엘 백성들을 학대하여 태어나는 사내아이는 모두 다 죽이라고 하였다. 이 때문에 죽을 위기에 처했지만 그의 부모가 석달 동안 숨겨 오다가 더 이상 기를 수가 없어서 갈대상자에 담아 나일강에 띄웠다. 이때 바로의 공주가 발견하고 데려와 어머니 요게벳이 유모가 되어 애굽 테베스 궁전에서 자라게 된다. 테베스는 정치·경제·문화의 중심도시였기 때문에 애굽의 훌륭한 문물을 익히고 자랐는데 40세 되던 해 동족의 학대를 보다 못해 살인하고 미디안으로 도망가 제사장 이드로의 딸 십보라와 결혼, 양을 치며 아들 게르솜을 낳는다. 하나님의 부름을 받고 애굽으로 돌아와서는 형 아론과 함께 애굽왕에게 찾아가 이스라엘 백성들의 해방을 요구한다. 그러나 바로는 더욱 이스라엘 백성들을 학대하며 요구를 거절하였으므로 하나님께 열 가지 재앙을 내리게 하여 출애굽하게 되었다고 기록되어 있다. 출애굽 도중 만나와 매추라기의 기적을 보이고 르비딤의 호렙산에서 생수를 얻어 목마른 백성들을 살렸다. 그리하여 아말렉과의 전쟁에서 승리하고 이드로에게 사법제도를 개선케 한 뒤 시내산에 올라 하나님의 율법을 받게 된다. 모세는 하나님의 지시로 백성들과 함께 성막을 지었으며, 제사장에 대한 규례를 정하였다. 광야에서 구스여인과 결혼한 것 때문에 아론과 미리암의 비방을 받았으나 문둥병에 걸린 아론과 미리암을 위해 중보하였다. 가데스에 도착하여 가나안 땅을 탐지하러 정탐꾼을 파송하였는데 그 결과 믿음 없는 이스라엘 백성들에게 돌에 맞아 죽을 뻔 하였다.

그러나 그들 죄의 결과는 40년간 광야에서 방황하다가 고라와 다단 아비람의 모반사건을 겪으며 가데스에서 물을 내게 하여 하나님의 말씀을 거역한 실수를 범한다. 마침내 가나안에 들어가지 못하고 하나님을 원망하다가 불뱀에 물려 죽어가는 백성들을 놋뱀으로 살리고 여호수아의 후계자로 임명되어 르우벤과 갓지파에게 요단 동편 땅을 분배하여 주었다. 그 후 여러 지파에게 가나안 땅을 분배하도록 그 대표들을 임명하고 여자의 상속법도 결정하였다.

모세는 하나님의 말씀을 따라 백성들을 축복하고 모압산 비스가 산 꼭대기에서 가나안 땅을 바라보며 120세에 죽었다.

그런데 1849년 니네베의 유적에서 출토된 수메르의 점토판을 보면 모세의 출애굽사건이 하나도 기록된 것이 없어 영아기아 사건은 아카스왕 사르곤의 탄생 신화나 페르시아왕 카루스, 로마 건국신화에 나오는 로물루스와 레무스형제의 탄생설화를 편찬한 것이 아닌가 생각된다. 당시에는 이러한 일들이 비일비재하였기 때문이다. 사르곤왕의 고백을 들어보면 다음과 같다.

"나는 아카드의 군주 사르곤이다. 나의 어머니는 에니투의 여사제다. 나의 아버지는 누구인지 모른다. 아버지의 친족들은 산에 사는 사람들이었다. 내가 태어난 도시 아주피라누는 유프라테스강둑에 있다. 나의 어머니는 나를 잉태하여 남모르게 나를 낳아 갈대 바구니에 넣어 강에 놓았다. 강물은 나를 싣고 흘러가다가 아키에게 데려다주어 나는 정원 일을 하다가 대지의 여신 아쉬타르가 나를 사랑하여 왕이 되어 55년간 나라를 통치하였다."

〈아카드왕조의 건국사, 사르곤 1세의 전기〉

모세 5경은 이렇게 주위에 떠돌고 있는 유대민족들의 신화 전승들을 결부시켜 편집한 것이다.

그래서 첫째 여호와신이 자신의 이름을 아담·아브라함·이삭·야곱에게 밝혔다는 내용이 일치하지 않고, 둘째 모세 장인의 이름(르우벤·이드로·겐사람·헤벨)이 같지 않고, 셋째 30년 동안 이집트에 거주한 기간 여호와의 예언(400년, 430년), 넷째 법궤를 만든 사람(이스라엘 백성·브살렐·모세)이 다르며, 다섯째 모세형 아론의 매장지(호르산·모리아산)가 다르게 된 것이다.

나일강은 흙탕물이기 때문에 지금도 그것을 거르지 않고는 먹고 씻을 수 없는데 파라오의 공주가 그곳에서 목욕하였다 하니 그것도 맞지 않다. 뿐만 아니라 공주가 처음 아기를 발견하였을 때 단서도 없이 히브리인 아기인 것을 알았다 하였는데, 어떤 학자는 할례로 알았을 것이라 하나 당시 히브리인들은 이집트에 할례법을 배워 똑같이 할례하였으므로 이 또한 맞지 않는 말이다.

또 모세라는 이름은 히브리어로 '물에서 건져내었다'는 뜻인데 이집트어로 말하면 '아들'이라는 뜻이므로 노예 이름을 딴 것이 아니라 보통명사 이집트말을 쓴 것이 분명한 것이다. 그래서 프로이드도 모세신화를 '아르곤왕의 출생신화와 이집트 호루스 탄생설화를 고쳐 쓴 것이다'한 것이다.

말하자면 이 글은 BC. 1세기에 쓴 유대인 역사가 팔론과 요세푸스, 그리고 2C에 쓴 기독교 교부 유스티아누스가 편집한 것으로 보는 것이다.

그러면 성인기의 모세는 누구를 모델로 하였는가. 아쿠나톤과 아톤신(이집트의 태양신, 스스로 존재하는 이)이 그 모델이라고 한다. BC. 3천년 전 알렉산더가 이르기 전까지는 고대 이집트에 30개의 왕조에 295명의 왕이 있었다고 한다. 그들은 대부분 다신교를 믿었는데, 그 중 유일무이하게 태양신 아톤을 신봉한 제18왕조 제10대왕 아멘호테프 4세가 암몬의 사제들에게 억눌려 있다가 치세 6년 째 종교개혁을 하여 이집트의 판테온(만신전)을 폐지하고 태양신 아톤(태양과 별)을 신앙하게 되었다는 것이다. 또 태양 빛에서 나타난 앵크(二性)십자가, 안사타십자가, 타우십자가(고리 달린)는 이집트인들의 열쇠고리로서 오시리스와 이시스의 결합을 상징한 것으로 보고 있었는데, 뒤에 기독교인들이 그들의 상징으로 쓰게 되었다.

그래서 이집트 학자 아메드 오스만은 모세와 아크나톤을 동일인물로 보고 있다. 이집트의 아톤과 히브리어 아돈(아도나이 즉 主)의 어원과 같기 때문이다.

그리고 이집트에서의 열 가지 재앙은 이푸베르문서에서 베낀 것이라 하였다.

모세가 시나이에서 양을 치다가 이스라엘 사람들을 구하기 위해 이집트 파라오에 갔을 때 파라오가 듣지 않자 80세 노인으로서 하나님의 힘을 입어 열 가지 기적을 나타냈는데,

① 물이 피로 변하고
② 개구리가 땅을 덮고

③ 먼지가 이로 변하고
④ 파리떼가 성하고
⑤ 전염병으로 가축이 죽고
⑥ 재가 하늘에 날려 종기를 일으키고
⑦ 우박이 쏟아져 농작물을 망치고
⑧ 메뚜기 떼가 몰려오고
⑨ 암흑이 전토를 덮고
⑩ 초생아들이 죽는다.

물론 이것은 탈무드나(더 많은 양서류가 나타남), 야훼자료, 엘로히스트자료(여덟 가지만 나타남), 사제자료(다섯 가지만 나타남)에 따라 다소 차이는 있으나 이것은 자연 재해의 한 현상으로써 어느 나라에서나 있을 수 있는 일이다. 장마가 지면 흙탕물이 핏빛으로 변하고, 사하라에서는 북상하는 바람을 타고 매년 메뚜기 때들이 하늘을 날고… 하는 일들은 지구상에 적지 않게 나타나고 있다.

그런데 이 글귀는 BC. 19~16세기경에 쓴 이푸웨즈문서에 나타나는데, 현재 미국의 토네이도나 크레타섬의 화산(산토리니)폭발, 화산재 천지가 어두워진 것, 여름에 우박이 쏟아지고 겨울철에 비가 내린 것과 같은 일들이 수없이 나타났다.

1986년 아프리카 카메룬 니오스 호수에서 가스가 분출하여 1746명이나 되는 인명이 죽고 수천만 마리의 동물들이 질식사 했으니 요즘도 그 원인을 잘 모르는데 어떻게 그 때 사람들이 이러한 사실을 자연재해로 알겠는가.

이집트 사람들은 태어난 순서를 따라 아래층에서부터 1층, 2층, 3층 순서로 자기 때문에 장자가 먼저 가스에 질식해 죽을 수 있기 때문에 장자들이 죽었다 하고, 이스라엘 사람들은 그 날이 바로 유월절(파스카·오순절·샤브오트·초막절·수콧)이었으므로 잠자지 않아 죽지 아니했다고 볼 수 있다.

이러한 재앙 속에서 주인공들이 모두 죽거나 고통하는 사이에 노예들은 모두 풀려나게 되었으니 어찌 기쁨이 아니겠는가. 그래서 이스라엘에서는 '하바나길라'(기뻐하라)라는 영화 연극이 만들어지게 된 것이다. 가난한 유목민이 기름진 땅을 얻었을 때 그보다 더 기쁜 일이 어디 있겠는가. 그러므로 아브라함이 그의 부인 묘지를 썼을 때 기뻐하였고, 그의 몸도 마지막에 거기 묻히게 되어 기뻐하였던 것이다.

이 같은 사실은 열왕기나 이집트의 텔 엘아마르나에서 발견된 아마르나 문서 등을 참고하여 BC. 15세기경 람세스 2세와 그 아들 메르렙타시대에 이루어진 것으로 추정하는데, 이집트의 사료에는 전혀 그런 기록이 없어 그의 미라를 찾다가 홍해에 빠져 죽은 것이 아닌가 추측하였는데, 왕들의 계곡에서 두 왕의 미라가 나오자 모두 허망한 소문이 되고 말았다.

"또 모세가 바다위로 손을 내밀자 물이 갈라져 바다가 마른땅이 된지라 이스라엘 자손들은 무사히 건너고 애굽의 병마들은 모두 수장되고 말았다."
<출애굽기 14 : 21~28>

이 이야기는 바빌로니아 신화, 가나안 민족(창조)신화 등에 그대로 나타나며, 단지 지명과 인명이 다를 뿐이다. 또 최근 세계의 지질학자들이 발표한 홍해의 현상은 우리나라 진도, 소매물도, 서건도, 상하낙월도, 노하도, 노록도, 사도, 하도, 소

아도, 웅도, 무창포, 변산반도, 대부도, 실미도 등에서 일어나듯 세계 450여 곳에서 일어나고 있다고 한다.

〈미국담수해양학회, 국립해양대기관리국〉

특히 산토리니섬의 지진과 태국 스리랑카의 쓰나미, 일본 화산 폭발사고와 인도네시아 크라카토아 등에서는 흔히 볼 수 있는 일이다.

하늘에서 내린 만나는 곤충(깍지진디 : 개각충, 또는 타마리스크나무의 기름)의 분비물과 자연재해에서 죽은 철새고기들이었다. 이때 탈출한 백성이 200만 명이 넘었다 하니 비축할 것이 어디 있겠는가. 그러므로 곤충 알이니 남기지 말고 모두 먹으라 한 것이다.

그리고 모세의 10계명은 함무라비 법전이었다. 모세가 40일간 시나이산에서 먹지도 입지도 아니하고 들판에 새겨가지고 나왔는데 산 아래에 있던 사람들은 모세의 형 아론을 중심으로 아티스신상을 만들어 숭배하였으므로 그들도 천 명을 쳐 죽였다.

1. 나 이외의 다른 신을 섬기지 말라.
2. 너를 위해 우상을 만들지 말라.
3. 여호와 이름을 망령되이 일컫지 말라.
4. 안식일을 기억하고 지키라.
5. 네 부모를 공경하라.
6. 살인하지 말라.
7. 간음하지 말라.

8. 도적질하지 말라.
9. 네 이웃에 대하여 거짓증거하지 말라.
10. 네 이웃집을 탐내지 말라.

함무라비 법전은 함무라비왕이 정의의 태양신 사마쉬로부터 이 18계명을 받아 법신수사상(法神授思想) 왕권신수사상(王權神授思想)이라 하는데, 왕권은 하늘로 받은 신성불가침의 법률이므로 그 누구도 침해할 수 없다는 절대 복종의 뜻이 담겨 있다. 중국의 선왕들은 태산에 올라 봉선(封禪) 하였을 뿐 이렇게 자기가 만든 법률을 가지고 엄포를 놓는 일이 없다. 이것이 동서의 차이점이다.

함부라비 법전은 BC. 2500만년 전 슈루파크의 가르침과 BC. 2100년 우르 남무 법전이 기초가 되어 BC. 1750년 경에 만들어졌다고 한다. 사람이 사람을 다스린다는 것은 매우 어려운 일이기 때문에 하늘의 태양신이나 원리신을 응용한 것이다. 함무라비 법전은 살인·간음·도둑질·거짓증언이 중심이었으나 성서에는 눈에는 눈, 이에는 이라는 동태복수법(同態復讐法) 탈리오(talio)법까지 넣어 놀라지 않을 수 없었다.

사실 함무라비 법전에는 "발을 잘랐으면 은 10세겔, 코를 잘랐으면 은 3분의 2이나 이빨을 부러뜨렸으면 은 2세겔을 지불해야 한다"고 하였는데, 출애굽기·레위기·신명기에서는 "생명은 생명으로 화상은 화상으로, 눈은 눈으로" 하여 동해형법(同害刑法)으로 풀고 있다.

사실 이집트는 이 아톤신앙 때문에 주위 여러 나라로부터 저격을 받아 망하게 된다. 그런데도 히브리인들은 아톤을 여호와로 아크나톤을 모세로 바꾸었을 뿐 그 형태는 하나도 달라지지 않았다. 단지 후세 교부시대에 이르러 신의 뜻을 전달하는 사람이 교황으로 바뀌었을 뿐이다.

그런데 미국의 근동학자 조지 멘델폰은 "구약성서의 계약이 고대오리엔트국가의 종주권 조약으로부터 이양된 것이다" 하고, 그 내용을 구체적으로 논문에 발표하였다.

〈오리엔트문명과 구약성서 247쪽〉

또 프랑스 성서학자 롤랑 드 보는 "히브리의 율법과 10계명, 성궤는 근동문명국의 사료에서 찾아야 한다. 단지 그것은 상명하복(上命下服)의 노예법규에 불과하기 때문이다" 하였다.

이로써 보면 요셉과 아브라함의 역사는 구약성서 3분의 1을 차지하는 방대한 역사서로 인식되어 왔으나 주위 여러 나라의 신화와 전설 계약을 혼합하여 히브리인들에게 맞게 만들어 놓음으로써 다른 모든 종교와 종족과는 상충되는 점이 있으므로 끊임없이 마찰이 일어나게 되어있다. 그러므로 우리는 성서를 바르게 이해하고 어찌하여 그러한 사상이 그렇게 조립되지 아니하면 아니되었던가 하는 시대상황을 잘 판단하여 노예의 근성으로부터 탈피, 세계의 평화를 유지할 수 있도록 노력하여야 할 것이다.

지혜의 문학과 예언자들의 이야기

　구약의 지혜의 문학은 욥기·시편·잠언·전도서·아가서의 다섯 가지인데 모두가 하나님의 지혜를 통해 이 세상을 복되게 하는 말씀이다.
　욥기는 BC. 4세기경 편집된 것으로 고대 수메르·바빌로니아·이집트 등에 존재하고 있던 전승가요를 히브리어로 각색한 것이다.
　주로 여기 나오는 작품은 수메르의 "한 젊은이와 그 신" 그리고 바빌로니아의 "루드룰 벨 네메키"로 밝혀졌으며, 70인역 욥기는 선과 악에 대한 여러 가지 의문을 던지고 있는데, 백이 숙제도 굶어죽었고, 안연도 요절했기 때문이다. 또 도척은 멀쩡한 사람을 잡아 그 간을 회쳐 먹으면서도 천수를 살았다. 그러나 욥은 자신의 고난을 신의 시험으로 받아들이고 살았다.
　수메르의 니푸르에 살던 슐쉬 메스크레 샤칸은 고위관리로써 이유 없이 끔찍한 병에 걸려 "벗들은 그의 말은 모두 거짓이라 책망하고 사기꾼은 오히려 그의 음모를 꾸미고 — 운명이 모두에게 지워지던 날 나에게 지워진 운명은 고난이었더라" 노래하며 스스로를 무지한 자로 평가하였다. 그리고 신을 원망하지 않고 감사기도를 드림으로써 행운이 오게 되었다. 이 내용은 거의 욥기와 같다.

또 바빌로니아 종교시 루드룰 벨 네메키는 "주님을 찬미하리란" 뜻으로 480구절이나 되는 시로 읊었는데 구약의 욥기와 똑같다.

그런데 구약에 없는 욥의 물음이 이집트의 원전에 답이 나와 있다. "능변가 농부의 항의" "아벤엠오펫의 교훈" 이 두 편이 그것인데, 전자는 부패관리에 수탈당한 농부의 항변이고, 뒤의 것은 도덕적 삶에 대한 전통적 믿음을 강조하고 있다. 정의는 권리가 아니고 혜택이며 특권이고, 후자는 현세에서 이루어지지 않는 것은 결국 내세에 가서 꼭 그 과보를 받는다고 기록되어 있다. 이러한 사상은 조로아스터교의 사상과 연관이 있다.

다음 104나 되는 시편은 10세기부터 2세기까지 편집된 것인데 가나안·메소포타미아인들이 달신에 대한 찬미, 이집트 아톤신에 대한 찬가가 기본이다.

아톤찬가는 아마르나 이집트 아크나톤왕이 직접 지은 것이라 한다.

"주 태양신을 찬양하라. 나의 주 아톤신이여, 생명의 시작이시며, 주께서 동쪽하늘로 솟아오르시니 주의 광대함과 장려하므로 온 대지를 덮으시도다. 주께서 장엄하게 빛나시며 창조하신 땅 끝까지 주의 광채로 휘장같이 감싸시는도다.

날이 밝아 주께서 하늘에 오르시니 비추실 때 온 세상 사람들 모두 나와서 노동을 하는도다. 모든 짐승들도 마음껏 배를 채우게 하시고, 나무와 곡식들도 풍성하게 하시는도다."

그 내용이 시편과 거의 일치한다.

창조의 신 엘(엘로힘 : 하나님)이 장차 히브리인들의 엘로힘으로 전이된다. 사실 가나안 주신은 바알(주님)이었는데, 그곳에서 알던 사람들이 자연스럽게 익혀와 시편 68편 34절이 바알찬송에서 옮겨 왔음을 인정하고 있다.

여기서는 유일신이 대부분 복수형으로 신들이라 나오고 있기 때문이다. 원래 유대교는 다신교였으나 이집트 바알신앙에서부터 유일신으로 바뀌게 된다. 말하자면 강과 바다의 신 얌(Yamm ; 큰 용)과 투쟁하는 장면이라든지 그 양식에 있어서 대구법을 썼다는 것, 예수가 마지막 십자가에서 외친 "엘리 엘리 라마 사박다니"(나의 하나님 나의 하나님 어찌하여 나를 버리셨나이까?)는 유대인들이 늘 교당에서 암송하던 시구이다.

그리고 잠언은 격언집인데 솔로몬이 지은 것으로 되어 있지만 이 또한 이집트 메소포타미아 등지에 유행하고 있던 시들이다. 내용은 지혜의 연찬을 중심으로 솔로몬 히스기야왕에 편집된 솔로몬 잠언, 아들 르무엘왕의 잠언과 현숙한 아내가 그 중심이다. 유대인들은 아이들이 이 글을 외울 때마다 단꿀을 입술에 발라주었다.

이집트 지혜문학은 이스라엘에서 한참 유행하다가 이스라엘화 하였고, 그 때 페니키아·수메르·바빌로니아·시리아·히타이트 등 30여종이 종합되어 인격을 닦고 행복한 삶을 성공적으로 할 수 있도록 개도하였다. 특히 대인관계에 있어서 기법과 같은 실리적인 것도 있고 심지어는 아부, 뇌물쓰는 법이 있는데 프타호텝의 가르침, 아멘에모펫의 가르침(제12왕조 아멘에모펫이 아들에게 왕위를 넘겨주면서 전해준 교훈, 잠언 22：17~24)들이 그것이다.

전도서는 세상의 무상을 깨닫게 하고 진리를 전하게 하는 것을 본위로 하는데, 현자들의 격언이 기본이 되어 있다. 이름은 모두 솔로몬으로 되어 있으나 그의 문하에서 활동하던 문인들의 작품이다. 그러므로 이 글은 한 민족이나 국가의 글이 아니고 인류공동의 산물이다. 이집트·바빌로니아의 교훈서나 전도서는 죽음 보다는 지혜 있는 삶을 동경하면서도 신들을 두려워하고 있다. 이것은 스토아학파의 철학과 알렉산드리아 이후에 불교의 공 사상이 접목된데 원인이 있다고 본다.

그리고 아가서는 관능적인 연애시가 주류를 이루고 있다. 윤리 도덕 신보다는 관능적 육체의 아름다움을 칭찬하고 있기 때문이다. 그래서 그 때는 30세까지는 이 글을 읽지 못하게 하였으나 남녀의 성을 신과의 관계에서 푼 유대인들도 있었다.

배꼽은 섞은 포도주로 가득 채운 잔과 같고
두 유방은 백합 가운데서 꿀을 먹는 쌍태 노루 같구나.

사실 이것은 근동 농경민족들의 연애시 속에 있던 것을 남신(男神) 여신(女神)의 결합으로 판단하여 비를 내리고 풍작을 이루는 장면으로 묘사하였다.

"나의 사랑하는 그대 온갖 꽃과 향기로운 약초들이 심어진

밭처럼 신부와 네 입술에서는 꿀방울이 떨어지고 네 혀 밑에서는 꿀젖이 흐른다."

〈이집트 연애시 : 아가 4 : 11〉

예언자란 신의 뜻을 읽고 신을 대신하여 백성들에게 알리는 계시자다. 대개 이들은 영감·꿈·환상으로 알려준다.

메소포타미아·이집트·그리스 등에서는 신탁자라는 방법으로 종말을 알리는 예시가 판을 쳤다. 특히 이것은 조로아스터교의 묵시문학이 영향을 준 바 크다.

옛사람들은 점·꿈·환상을 통해서 미래를 점쳤지만 고대에서는 천문학·5행학을 통해서 인간의 운명과 세계의 길흉을 점쳤다. 그러나 유대민족은 막대와 조약돌 두 개로 점을 쳤다. 이집트 사람들은 타누라(선회운동) 춤으로 황홀경에 빠져 점을 치기도 하고, 페르시아에서는 하쉬쉬(마약)을 먹고, 아메리카 인디안들은 독한 담배연기를 마시고 무아경에 들어가 계시하기도 한다.

전래로 유대교에는 12만명이 넘는 선지자가 있었고, 숫자가 많은 만큼 큰 파벌도 생겨 싸움을 하기도 하였다. 그래서 발달한 것이 과거의 역사와 현재의 상황을 종합하여 마치 주식을 판단하는 것같이 점치는 기술이 발달하기도 하였다. 하여간 지금까지 예언서는 맞히는 것 보다는 못 맞히는 것이 많았지만 인간은 늘 속으면서 사는 존재이기에 또 한 번 기대를 걸면서 길흉화복과 흥망성쇠를 기다리고 있다. 지금 이슬람교도들은 지하드의 활동을 통해 끝없는 성전(聖戰)을 코치하고 있으며, 알카에다 역시 비슷한 사고방식을 가지고 죽이고 죽어야 천당에 간다고 하면서 자살폭탄을 터뜨리고 있다.

인신공희와 계약의 궤

구약성서에 "계약의 궤를 들고 사제를 선두로 여호수아가 이끄는 4만명의 무장한 이스라엘인들이 요단강을 건너 여리고 성벽 주위를 6일간 돌고 7일 째는 일곱 번이나 되풀이 하니 저절로 대지가 흔들리고 여리고 성벽이 무너졌다" 하였다.

이 궤는 하나님과 이스라엘 백성들이 계약한 문서를 넣은 궤이다. 그 궤는

"목조각으로 길이가 2규빗 반, 넓이가 1규빗 반, 높이가 1규빗 반, 정금으로 안팎을 싸고 윗가를 돌아가며 금테를 돌리고 그 양편에 그룹들이 날개를 펴고 속죄소를 덮으며 그 얼굴을 서로 대하여 속죄소로 향하게 하였다."

〈출애굽기 37 : 1~9〉

그런데 이 궤가 공교롭게도 이스라엘에서 천년전에 처음 만들어진 게 아니라 수천년 전부터 이집트 사람들이 쓰던 궤임이 1922년 영국의 고고학자 카터가 조지 본 경의 지원을 받아 발굴한 투탕카멘왕의 묘에서 발굴되었다. 그 중에는 이시스궤도 계약궤와 똑같이 만들어져 있었다.

이외에도 이스라엘 사람들이 이집트와 시리아에서 모방한 가장 큰 특징은 속죄소를 날개로 덮는 케루브와 계약의 궤 앞에 세워지는 세두와 라마수가 있다는 것이다. 불교로 말하면 이것은 위태천신이나 금강신장과 같은 것인데 네프티스와 이시스의 여신상을 그대로 모방하여 만들었다.

성서에서 말하는 그룹이란 곧 케루브를 말하는데 사람의 얼굴에 초인적인 날개를 가진 초인적인 존재다. 이 역시 바빌로니아 앗시리아에서 기원하여 이집트까지 널리 유행하고 있었던 것이다. 그러니까 케루브는 천상의 영적존재이다.

유대교 사전에는 "왕의 머리·사자의 꼬리·독수리 날개를 달았다" 하였는데, 이것은 고대 페니키아 가나안의 수호신이었다. 이것이 장차 유대교 성전의 여호와 궤를 수호하는 수호신이 되었다면 미신을 철저히 배격하는 기독교에서 있을 법한 일인가.

이렇게 하여 여리고성이 점령되자 여호수아는 그곳의 주민 남녀노소는 물론 가축들까지 모조리 몰살시켰고, 그 이웃 아이까지 쳐서 숨쉬는 것은 모조리 죽이고 재산을 약탈하였다. 아모리의 5부족왕은 목매달아 죽었고 적군 군마들의 다리도 잘랐다.

그러나 1868년 영국의 찬수 워런이 조사하고 1907년 셀린저와 와칭커가 이끄는 오스트리아 독일 공동조사에도 그 흔적을 찾을 수 없었다. 1930~36년 영국 존 가스탱은 이 도시의 역사가 석기시대까지 올라간다 하였고, 1952~58 영국 여류고고학자 캐슬린 케니언은 여호수아 침입 훨씬 이전에 지진으로 성벽이 무너지고 화재가 나 사람이 살지 않은 지 오래되었다 하였다.

결국 여호수아의 여리고 전투사건은 성서 제자들과 유대교 원리주의자들이 꾸며서 정리한 것이 틀림없음이 드러났다.

사사기의 족장들은 여호수아가 죽은 뒤 장로회에서 대표자를 뽑아 그 지휘에 따르도록 하였는데, 성서에 나타난 사람이 자그마치 13명이나 된다. BC. 1390년부터 1050년 사이 아직 왕정이 이루어지기 이전의 일이다. 그런데 이 기록은 아무리 역사를 날렵하게 잡는다 해도 시간이 맞지 않고, 또 12지파에 맞추어 설명하려 하니 허위 사실이 밝혀져 약간 근거가 있기는 있으나 거의가 허위사실이라는 것은 영국의 저널리스트 폴 존슨이 밝히고 있다.

당시 이스라엘인들이 가나안을 침입하여 토착민들의 영토를 빼앗고 반항자들은 잡아죽이는데 철기문화를 사용한 블레셋인들에게 크게 곤욕을 당한 일들이 성서에 기록되어 나온다. 뿐만 아니라 여호와신이 인신공희를 받은 이후 입다의 외동딸이 바쳐지고 여호와신에게 바쳐진 서른두 명의 여자들은 산채로 불에 타 죽었다. 여호와는 사람과 짐승을 가리지 않고 그 타는 냄새를 최고의 향기로 생각하였고, 그 피를 제단에 뿌리고 각을 뜨고 살을 발라 하나도 남기지 말고 태워달라고 레위기에 부탁하고 있다.

이 세상 모든 생명들은 살기를 좋아하고 죽기를 싫어하는 것은 똑같은 이치인데, 자기가 선택한 히브리 민족 이스라엘 사람만 남기고 나머지는 다 잡아죽이도록 명령하고 있으니 어찌 이 세상에 평화가 오겠는가. 마귀란 사람을 잡아 죽이는 귀신이다. 여호와는 다른 귀신들은 마귀라 저주하는데 성경에서는 사람과 짐승을 잡아 올리는 백성들과 그 냄새를 흠향하는 자신만이 가장 성스러운 존재라 하니 이는 독자 여러분이 판단해야 할 일이라 생각된다. 13사사시대가 지나면 삼손과 데릴라 시대가 오는데 이 또한 깊이 생각해 보아야 할 일이다.

이스라엘의 고민

이와 같이 성서의 여러 가지 문제점은 이스라엘 교육뿐만 아니라 애굽과 아랍 여러 나라에 파급되어 장래의 대책을 협의하고 있다.

첫째는 중동전쟁의 화약고가 BC. 2~3천년부터 중동·아프리카·유럽 일대 민족전쟁이었음을 새롭게 인식하고,

둘째는 신화와 전설을 벗어난 고고학적 역사 자료를 중심으로 이스라엘의 순수한 역사를 정리하여야 한다고 고민하고 있다.

그러므로 이스라엘 교육부장관은 다음과 같이 선언하였다.

"성서는 역사서가 아니다. 외래 신화전설이 뒤섞인 민족 설화집이 역사서로 오인되어 왔다. 이스라엘 역사학회의 시급한 당면과제는 신화의 거품을 제거하고 역사적 사실과 고고학적 자료에 의하여 진정한 이스라엘 역사를 쓰는 것이다."

그런데 최근에는 성서의 불륜성과 포악 보복성을 들어 청소년 교육도서로써 적당치 않다는 미국법원의 판정으로 판매 금지령까지 내려지고 있으니 말이다.

사실 헤겔의 논리학, 칸트의 순수이성비판, 니체의 철학(신

은 죽었다)가 나오면서부터 서양의 기독교는 이미 사양길을 걷고 있었다. 그러나 일찍이 미국에 상륙한 유태군단은 "하나님의 아들"을 빙자한 기독교와 "십자군을 배경"으로 한 천주교에 불만을 가지고 돈과 지식을 키워 왔다. 그리하여 세계경제를 좌지우지하고 "무서운 아이들"을 양성해 내고 있으나, 예기치 않게 구약성서 속의 성(性) 문제와, 신약 속의 위장문제가 세계만민의 뇌리를 흔들고 있는데 놀라지 않을 수 없다.

우선 성서 속의 성에 대한 문제를 들면 다음과 같다.

1. 아담은 첫째 부인 릴리스가 있었으나 성이 너무 강하다고 하여 쫓겨나 마녀(혹 창녀)가 되었다. 〈창세기 1 : 27〉

2. 여호와 신에게도 처자식이 있었다. 〈창세기 6 : 1~4〉

3. 아브라함 가족들의 뿌리 깊은 근친상간 〈창세기 11 : 27~29〉

◎ 데라의 아들 아브라함은 이복여동생 사라와 결혼하고, 하란의 자식 밀가는 삼촌 밀가와 결혼하였다.

◎ 아브라함은 그의 아내 사라를 먼저는 애굽왕 바로에게 상납하고, 양과 소·노비와 암수나귀와 낙타를 얻었는데, 그랄에서는 아비멜렉에게 누이동생이라 속이고 아내를 바쳤다. 〈창세기 12 : 11~20〉

◎ 그런데 그의 아들 이삭이 아버지와 똑같이 자기 아내가 아니라 하고 리브가를 아비멜렉왕에게 바치고 재물을 받았다. 〈창세기 26장〉

이것을 서양 사람들은 아내를 성노예로 팔아 화대를 받은 포주로 몰고 있다.

◎ 사라는 몸을 판 값으로 얻은 하갈을 아브라함의 첩으로 만들어 이스마엘을 낳았다. 그런데 하갈이 아이를 배자 주인 사라를 업신여겼으므로 학대하여 매맞고 광야로 도망쳤다가 다시 돌아와 아들을 낳았는데, 그 자손이 크게 번성하여 지금의 이슬람교를 형성하게 되었으므로 같은 자손이지만 지금까지도 원한이 풀리지 않아 서로 헐뜯고 싸우고 있다.

이것은 일종의 대리모(代理母)의 형식이지만 하갈은 마그레그왕국(혹 이집트)의 공주로 아버지가 애굽왕 드훌아르쉬에 의하여 살해되자 포로로 애굽에 잡혀 왔으나 그 나라 왕의 수청을 거부하여 미움을 받고 있다가 결국 사라의 화대값으로 하사된 것이다. 그러나 아브라함은 나이 들어 아기를 낳지 못하는 사라보다는 하갈을 훨씬 좋아하였으므로 하갈을 시기 질투했기 때문에 쫓겨나 광야에서 죽을 고비를 겪고 돌아오게 된 것이다.

◎ 한편 90세의 노파 사라가 하나님께 기도하여 이삭을 낳았다고 하는 것은 백세 노인 아브라함으로서는 불가능하기 때문에 이삭을 한 사제의 아들로 추측하는 사람도 있다. 〈창세기 16 : 1~16〉

4. 타락한 도시 소돔과 고모라를 멸망시킬 때 롯이 그의 두

딸을 남색자들에게 내어주고, 자신은 술을 마시고 자신의 두 딸과 관계하여 모압족과 벤암미의 조상이 되었다. 〈창세기 19 : 1~38〉

이것을 미국사람들은 자신이 난 딸을 성노리개로 손님에게 접대하고, 또 다른 사람(신랑감)이 없다는 핑계로 두 딸을 윤간한 불륜이 된다고 판정하고 있다.

5. 또 한편 이것은 떠돌아다니는 이야기를 성서에 편집한 것이라 보는데, 에브라임 산지에 살던 어느 레위 사람과 첩이 베냐민지파의 도시 기브아에서 자신이 내어준 첩이 밤새도록 윤간당해 죽자 그의 첩의 시신을 열두 조각으로 내어 각 부족에게 나누어 주었다. 〈창세기 19〉

이 얼마나 무서운 이야기인가. 그래서 6·25사변 때 미군병사들이 있었던 근처의 사창가에서는 사람이 때 없이 죽어 나왔지만 한국사람들은 무서워 말 한마디도 못하고 그대로 매장하였던 것이다.

6. 야곱이 외삼촌 라반의 집에서 도망쳐 나와 가나안으로 가다가 세겜 근처에서 머물고 있을 때 그의 딸 디나가 히위족의 딸을 만나러 가다가 젊은 추장 세겜에게 유혹 당해 강간당했다. 세겜이 그의 아버지 하몰에게 청혼해줄 것을 부탁하자 디나의 오라버니 시므온과 레위가 세겜 사람들이 자신들처럼 할례를 한다면 결혼을 허락해 주겠다 하여 모두 할례를 하였는데, 상처가 채 아물기 전에 모두 아파 견

디지 못하고 있자, 시므온과 레위가 그 기회를 이용하여 마을 남자들을 모조리 죽이고 하몰과 그 아들 세겜까지도 죽인 뒤 디나를 되찾고 그들 자녀와 아내들을 사로잡아 재물을 노략하였다. 〈창세기 34 : 1~31〉

이때 시므온과 레위의 세겜 주민에 대한 학살이 얼마나 처참하였던지 아버지도 치를 떨었다. 그래서 야곱이 가나안 땅에 이르러 빼앗은 땅을 나누어 줄 때 이 두 사람에게는 주지 않았다.

7. 야곱이 르우벤에 가서 그의 서모 빌하와 간통하여 그는 장자권을 빼앗겼다. 〈창세기 49 : 3~4〉

◎ 여기서 아비의 첩과 잠자리 하는 자나, 아비 소유 여자의 하체를 범한 자는 둘 다 죽여야 한다는 율법이 생겼다. 〈레위기 20 : 11〉

8. 아브라함의 4대손 유다는 가나안으로 유입해 온 원주민과 결혼하여 엘·오난·셀라 세 아들을 낳았다. 그런데 장자 엘이 다말과 결혼하여 아기 없이 죽자 유다가 차남 오난에게 형수 다말과 잠자리를 같이 하여 자식을 낳아 형님의 대를 잇게 되었다. 이것을 히브리에서는 역연혼(逆緣婚)이라 한다.

◎ 유다는 장남 엘이 자식 없이 죽자 차남 오난에게 그 형수 방에 들어가라 하였으나 그마저 죽자 그 다음에는 유다에

게, 그 다음에는 막내시동생과 결혼시켜 달라고 졸랐으나 듣지 않고 친정으로 쫓아버렸다.

그런데 유다가 부인이 죽자 아쉐라신전에 드나들며 그곳의 사제와 사귀고 있는 것을 안 며느리가 신전창녀로 위장하여 시아버지와 관계하여 쌍둥이 베레스와 세라를 낳았다. 베레스의 계통에서 장차 예수의 조상 다윗왕이 태어난다.

9. 다윗왕은 그의 부하 우리아의 부인 밧세바가 목욕하는 것을 보고 불러 간통하고 마음을 편하게 갖지 못하자 우리아 장군을 진지에 보내 전사하게 하고 밧세바를 끝까지 데리고 살았다.

이 외에도 고모와 조카가 관계하여 자식을 낳고, 남의 처녀와 간통하고 짐승과 성교하는 자가 생겼으므로 그런 사람은 반드시 죽이라 하였다. 〈출애굽기 22 : 16~19〉

"네 어미와 성교하지 말고, 계모·자매와 성교하지 말며, 손녀, 외손녀와 이모나 고모·숙모·백모·형제의 아내·장모와 성교하지 말라. 그런 자는 죽인다 하였다. 〈레위기 18장〉

이 외에도 입다의 딸 미디안 처녀들이 여호와 앞에 불태워졌으므로 "여호와는 질투의 신이요 보복의 신이니, 이 신 이외의 다른 신을 섬기면 안된다" 하여 사람들은 무서워서 그 책을 읽지 않는다 하였다.

둘째는 여호와에 대한 심판이다. 희생제와 저주 심판으로 살인·방화·탈취를 조작한 여호와 신에 대한 문제,

1. 롯이 소알에 들어갈 때 … 여호와께서 유황과 비를 비같이 소돔과 고모라에 내려 성들과 온 들, 성에 사는 모든 백성과 땅에 난 것들이 다 엎어져 멸하였다. 〈창세기 19 : 23~25〉

   자기가 만든 세계가 악하다고 이렇게 무섭게 징벌하다니 가슴이 떨린다.

2. 여호와께서 네 아들 이삭을 데리고 모리아 땅으로 가서 그를 번제를 올려라 명령하였다. 〈창세기 22 : 2〉

3. 나에게 바쳐진 물건은 사람이든 생축이든 기업의 밭이든 누구고 팔지 못하고 다시 속하지도 못한다. 〈레위기 27 : 28~29〉

4. 희생물건은 제단 북편에서 잡은 것이요, 그 피를 제단 4면에 뿌리고 윗 불 위에 살라 번제를 지내라. 나에게 진실로 향기로운 냄새니라. 〈레위기 1 : 11~13〉

5. 다른 해(害)가 있으면 갚되 생명은 생명으로, 눈은 눈으로, 이는 이로, 손은 손으로, 발은 발로, 데운 것은 데움으로, 상하게 한 것은 상하게 한 것으로, 때린 것은 때림으로 갚으라. 〈출애굽기 21 : 23~25〉

   이것을 성경에서는 "보복율법"이라 가르치고 있다. 예수님께서 "오른쪽 뺨을 치거든 왼쪽 뺨을 돌려대라" 하신 말씀과는 너무도 대조적이다.

6. 모세가 여호와께서 말씀하시되 "허리에 칼을 차고 이 문과 저 문을 왕래하여 각 사람이 형제·친구·이웃을 도륙하라" 하셨으니, 내 맘대로 행하라. 오늘 3천명 가량 도륙하였으니 하늘께서 그대들에게 큰 복을 주실 것이다. 〈출애굽기 32 : 27~29〉

구약성서는 이와 같이 애굽·이스라엘의 민족신으로서의 여호와 때문에 이민족들의 불안 공포가 지속되고, 세계 도처에서 전쟁이 끊이지 않는다 보고, 또 가정생활에 대한 부정방법과 여성 비하, 그 부정과 성차별로 인하여 여성들을 성의 도구화 하고, 생산의 동물로 추락시켜 왔으므로 그에 대한 반발이 세계도처에서 심화되고 있다.

셋째는 출산에 관계된 문제들이 심심찮게 거론되고 있다.

1. 아기 낳는 것은 축복이 아니고 죄악이다. 〈레위기 12 : 1~5〉

2. 정액과 성교는 불결한 것이니 정한 날짜가 아니면 관계하지 말고 범하면 사제들께 고백하라. 〈레위기 15 : 16~18〉

3. 월경하는 여자는 더럽다. 〈레위기 15 : 19~28〉

◎ 월경이 있을 때는 산(집)비둘기 두 마리를 회막문 앞에 갖다 놓고, 한 마리는 번제하고 한 마리는 월경유출로 부정한

여인을 위하여 여호와 앞에 속죄하라.

다음 신약에서 대해서는
첫째, 모든 사람들은 태어나면서부터 죄인이라 하여 십일조를 걷고,
둘째, 예수의 유학생활을 숨겨 아직까지도 발표하지 않고,
셋째, 십자가에서의 소생을 부활로 둔갑시켜 세상사람들을 현혹하고 있다. 결혼을 세 번이나 하여 자녀를 5남매나 두고, 또 그 묘지가 분명히 인도 카쉬미르에 남아있는 것도 불구하고, 과학적으로 증명된 성배·성의까지도 부정하고 있다.
그래서 지금 세계에서는 성서를 19금으로 지정하자는 움직임이 일고 있으며, 실제 미국 애리조나주 교육부에서는 "성서를 가르치거나 어떠한 내용이나 문구도 언급해서는 안된다"고 금지하고 있다.

이것은 한 학부모가 "만일 성서가 외설적이지 않고 신의 말씀으로 쓰여진 성스러운 것이라고 생각한다면 당신의 자제들에게 아버지와 딸이 성교하는 장면을 보여줄 수 있겠는가!" 항변하는 말을 많은 사람들이 듣고 동의하였기 때문이다. 그리고 또 한 사람은 "내가 성서를 읽어보니 이 세상 어느 책보다도 보복과 기만·학살·강간·노략질·간음·매춘 등이 넘쳐 있었다… 이런 책을 우리 아이들에게 가르쳐준다면 그 속에서 다시 무엇을 배우겠는가" 하여 사람들을 놀라게 하였다.
이외에도 성경에 대한 여러 가지 문제는 목영일 박사의 "예수의 마지막 오딧세이"나 민희식 교수의 "성서의 뿌리" 상·중·하와, "신약성서와 법화경" 속에 구체적으로 밝혀져 있

으므로 여기서는 더 이상 기록하지 않는다.

 단지 지금으로부터 2천년 전 민족분열시대 생존경쟁이 치열했던 그 시대로 보면 그것이 승자 패자의 자랑이요, 쾌감이었을는지 알 수 없다. 지금도 강한 놈이 약한 놈을 찢어 죽이고 쾌감을 느끼는 사건이 비일비재로 일어나고 있으니 말이다.
 그러나 시대는 이미 달라졌다. 무지한 농민이 노예를 부려먹고, 강한 목축인이 사나운 짐승을 잡아 동네잔치를 하던 그런 시대는 지나가고 있다. 서로 아끼고 사랑하여 이 세상 오직 하나뿐인 생명을 귀히 여기고 서로 붙들어 보호할 수 있는 세상이 온다면 이것이 예수님의 마음이요, 부처님의 생각일 것이다. 세계는 한 꽃(世界一花)이요 만민은 동체(萬民同體)이기 때문이다.

기독교 성전의 역사

　기독교의 성전은 서기 65~95년 사이에 편집된 마가·마태·누가·요한복음서가 150~200년 사이 정경으로 채택되면서 그 나머지 모든 경들은 경외서로써 이해되고 있다.
　그러나 실제는 서기 49~62년 사이에 바울이 데살로니가 사람들에게 보낸 서한이 최초로 성서화되었다. 그 뒤 110~150년 사이에 도마복음서, 베드로복음서(후서), 마리아복음서가 형성되었는데, 도마복음서는 영지주의적 색채가 강하고, 마리아복음서는 남성사도들에게 전해지지 아니한 비밀한 문서가 들어있었다.
　서기 150년경에는 유다 진리복음서가 나오고, 요한의 비밀문서가 나왔으며, 서기 200~230년경에는 저 유명한 세스의 설교집 2권이 나왔고, 300년경에는 유다복음서의 필사본이 나왔다. 그런데 이곳 요한복음서에는 하나님의 이율배반적인 문제가 비판되었는데, 세스 설교집에서는 예수가 십자가에서 죽지 않았다는 사실이 기록되어 있었다. 그 후 서기 367년 알렉산드리아의 주교 아타나시우스가 신약 27권을 정리하였다. 기독교의 대박해가 서기 303년부터 시작되어 온갖 곤욕을 치르다가 313년 밀라노의 칙령 이후 360년 로마의 국교가 된다.
　그런데 서기 1800년대부터 코덱스(시나이피쿠스)·이집트·

사해에서 수많은 고사본 성서들이 출토되어 성서학계에 일대 혁명이 일어난다. 1844~59년에 발견된 코덱스본은 현존하는 신약성서 중 가장 오래된 것이고, 1886년과 96년에 이집트에서 변절자 베드로복음서와 마리아복음서, 1945년, 47년, 70년, 90년에 발견된 이집트의 나그함마니문서·사해문서·유다복음서·구세복음서에는 유다의 배반이 예수의 꾸밈에 의하여 이루어졌던 것이 발견되었다.

그러면 불교의 내용이 기독교사상에 어떻게 영향을 주었는가 하는 문제는,

첫째 알렉산더대왕이 동방원정과 그 후 2백년간 그리스인들의 서북인도지배, 그리고 BC. 155~130년 사이에 샤갈라지방을 다스렸던 메난드로스왕이 나가세나 비구를 만나 불법에 귀의한 사실과,

둘째 BC. 3세기경 아쇼카왕이 포교사를 파견하여 그리스 로마까지 불승들이 나아간 것,

셋째 예수가 인도에 유학하여 바라문교와 불교를 배웠으므로 그에 영향을 받지 아니할 수 없었다.

그래서 미국 하버드대 종교학자 엘레인 페이절스는 2003년 "신앙 저 너머에 도마복음서의 비밀"이란 책을 쓰면서 도마복음서에 나타난 부처님 말씀을 간추려 정리하였고, 독일의 철학자 루돌프 사이델은 1882년 "예수의 복음과 석가와의 관계"를 쓰면서 예수의 복음서에 50가지가 넘는 석가 부처님의 말씀을 찾아내었다.

말자하면,

① 마야왕비의 택태영몽과 마리아의 수태고지(受胎告知)

② 아기 석가에게 경배하는 아시타선인과 아기 예수께 경배하는 시므온
③ 브라만 신학자들을 놀라게 한 실달태자의 총명과 유대 신학자들을 놀라게 한 어린 예수
④ 석가의 관정식과 예수의 세례
⑤ 6년 고행중 마귀의 침입과 광야에서의 예수의 시험
⑥ 석가는 강 위를 걷고 예수는 호수를 걷고
⑦ 천녀(賤女) 마탕가의 여인과 우물가의 사마리아 여인
⑧ 유마거사의 탁발과 빵과 물고기의 기적
⑨ 장자궁아(長子窮兒)와 탕자의 비유
⑩ 가난한 여인의 등불과 가난한 과부의 헌금
⑪ 도둑년을 찾으러 온 귀족자제들과 창녀를 끌고온 사람들
⑫ 석가부처님의 영축산 법문과 갈릴리의 산상수훈
⑬ 가룟유다의 배신과 데바닷다의 신불교운동
⑭ 고향에서의 푸대접
⑮ 평등한 비(雨)와 나무의 차이, 선악, 우지자에게도 똑같이 비는 내린다.
⑯ 선인선과 악인악과, 가시나무에서는 포도를 딸 수 없다.
⑰ 정법·상법·계법과 말세이야기
⑱ 비폭력·구료사업
⑲ 나는 길이요 진리요 사랑이다.
⑳ 천당과 극락은 네 안에 있다.
㉑ 진정한 보물은 마음의 보물이요, 하늘나라의 재물이다.
㉒ 제자들에게 먹고 사는 것을 걱정하지 말라 경고하신 말씀
㉓ 영원한 삶, 열반을 증득하면 죽고 사는 것에서 벗어나고

하늘나라에 태어나면 영원히 산다.

그래서 네덜란드의 철학자 반덴베르크는 "복음서에 있어서 인도의 영향"이란 책을 내고 열다섯 가지 예를 들었고, 1913년 파벨은 "불교와 신약성서"에서 열 개의 예를 들었다. 또 J.E 토마스는 "석가의 생애"에서 유사점을 16가지나 들었고, 스웨덴, 인도, 이란 학자 야알샤르팡티는 "아시타선인과 시므온"에 대하여 연구하고, 그리고 독일의 산스크리트 어문학자 리하르트 가르베도 이를 증명하면서 수타니파타의 나라카경을 신약성서 시므온의 원전이라고 밝혔다.

호주의 동양학자 아써 바쌈(1914~1986)은 "법화경의 장자궁아가 신약성서의 탕자의 귀환의 본전이다" 하고, 미란다왕문경의 열반성을 요한묵시록에 나오는 "새로운 예루살렘"에다가 비교하였다.

이와 같은 여러 가지 증거로 볼 때 기독교의 구약성서는 그리스·로마·이집트·메소포타미아·수메르 등 근동지방의 신화에서 뿌리를 찾을 수 있고, 신약성서는 인도의 불교와 바라문교, 티베트 밀교의 영향을 받았다고 볼 수 있다.

그러므로 세계의 신교(神敎)는 다신교와 일신교, 교차신교와 범신사상에 그 뿌리를 뻗고 있고, 유물론적인 사고방식은 무신론에 근거하고 있으나, 불교는 유신론·무신론을 논하지 않고 현재 자기가 서 있는 당체(當體) 속에서 인생고를 해결하는데 주안점을 두고 있다. 단지 윤리도덕적인 면에서는 나쁜 일 하지 않고 좋은 일 하는 것을 기본으로 삼고 있으며, 교육적인 면에서는 어리석은 마음에 혁명을 일으킴으로써 지혜로운 사람이 되는데 목적을 두고 이야기하지만, 불교는 유·무식을 불고하고 깨달음을 얻는데서 그 밝고 깨끗한 마음이 나타난다고 보고 있다.

성서 속의 성서 신화 속의 신화

印刷日 | 2012년 8월 5일
發行日 | 2012년 8월 10일

발행인 | 한 동 국
발행처 | 불교통신교육원
편 저 | 이치란, 한정섭

인 쇄 | 이 화 문 화 사
02-732-7096~7

발행처 | 477-810 경기도 가평군 외서면 대성리 산 185번지
전 화 | (02) 969-2410(금강선원)
등록번호. 76. 10. 20. 경기 제 6 호

값 10,000원